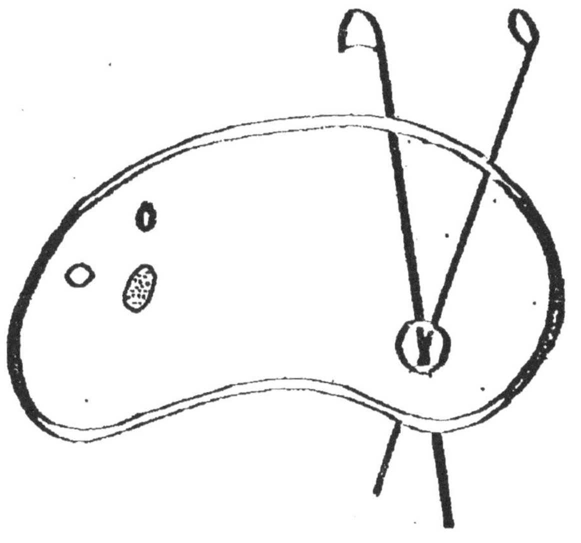

DEBUT D'UNE SERIE DE DOCUMENTS
EN COULEUR

[...]IONS & SCIENCES OCCULTES

Emile CASTAN

Déviations et Maladies du Sentiment Religieux

BLOUD & Cie

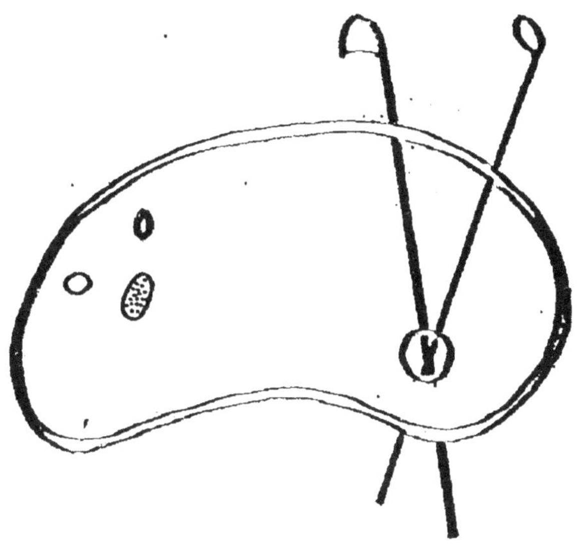

FIN D'UNE SERIE DE DOCUMENTS
EN COULEUR

RELIGIONS ET SCIENCES OCCULTES

DÉVIATIONS ET MALADIES du Sentiment Religieux

PAR

Emile CASTAN

PARIS
LIBRAIRIE BLOUD ET Cie
7, PLACE SAINT-SULPICE, 7
1 ET 3, RUE FÉROU — 6, RUE DU CANIVET
1913

Déviations et maladies du sentiment religieux.

I

Les altérations qu'a subies la notion de Dieu dans l'humanité déchue.

Dieu se manifeste à l'homme d'une manière extraordinaire, surnaturelle, directe, immédiate, en se montrant à lui sous une forme humaine et en lui parlant son langage, comme il l'a fait à Adam et à Ève au paradis terrestre, aux patriarches, aux prophètes, et, en dernier lieu, par son Fils, Jésus-Christ (Héb., I, 1). Il se manifeste aussi d'une manière ordinaire, naturelle, indirecte, médiate, par la nature, où l'homme peut reconnaître le Créateur dans sa création, comme à l'œuvre on reconnaît l'ouvrier. La connaissance de Dieu que l'homme reçoit par la révélation est beaucoup plus claire, plus pure, plus sûre, plus sublime, plus complète, que celle qu'il en acquiert par la simple raison ; et la connaissance de Dieu que l'homme acquiert par sa propre raison se trouve constamment protégée contre l'erreur par la connaissance surnaturelle que Dieu lui donne de lui-même par la révélation. Nous ne saurions mieux apprécier le prix d'une notion rigoureusement exacte de Dieu qu'en examinant les altérations que cette notion a subies aux différentes époques et chez les différents peuples de l'antiquité païenne.

Dieu s'est révélé à Adam et à Eve, et plus tard à Moïse, comme l'Etre, *Ego sum qui sum* (Exod., III, 14), le Dieu unique, *Deus unus est* (Deut., VI, 4), hors duquel il n'y en a point d'autres, *et non est alius prœter eum* (Id., IV, 35). En se séparant de Dieu par le péché, et à mesure que, s'éloignant de la révélation primitive, il en perdait peu à peu le souvenir fidèle, l'homme n'a plus guère connu Dieu que par la création, et il a été porté à le confondre avec la nature par laquelle il se manifeste à lui. De là le *Panthéisme,* identification de Dieu et du monde, divinisation de la nature. Tantôt ce sont les êtres de la nature qui s'absorbent et se perdent dans l'être divin : c'est le panthéisme idéaliste ; tantôt c'est l'être divin dont la réalité s'absorbe et se perd dans les êtres de la nature : c'est le panthéisme matérialiste ; tantôt tous les êtres de l'univers se ramènent à une substance unique, spirituelle ou matérielle : c'est le *Monisme.* Quand le panthéisme passe des spéculations de la philosophie dans le domaine des faits, il prend la forme du polythéisme.

Le péché n'a pas seulement affaibli toutes les facultés naturelles de l'homme, il y a introduit aussi la division et la contradiction. Les forces de l'âme et du corps se développent indépendamment les unes des autres ; mais les forces corporelles, se développant plus tôt et plus rapidement, dominent les forces spirituelles, les gênent et les troublent dans leur développement. Cette prédominance des sens sur l'esprit croît à mesure que le péché s'accroît en chaque homme et dans l'humanité entière, et finit par le rendre matériel. Ne sachant plus estimer et aimer que les choses sensibles, il perd le sens des choses spirituelles, il les oublie, ou, s'il ne peut les oublier, il les rabaisse au niveau de son imagination. A la raison, qui découvre le Créateur dans la création, se substitue, en effet, l'imagination, la faculté la plus intimement liée aux sens, qui éparpille l'idée de Dieu sur des objets multiples. Dieu, dont l'homme ne peut anéantir en lui la pensée, devient pour lui un objet sensible et borné, qui perd par là même ses attributs essentiels : la spiritualité, l'infinité, l'unité, pour devenir un être individuel au milieu des autres ; et l'homme attache bientôt la représentation qu'il se fait de Dieu à telle ou telle des individualités du monde sensible. Alors le *Théisme,* la croyance en Dieu, et le *Monothéisme,* la croyance en un seul Dieu, fait place au *Polythéisme,* à la croyance en plusieurs dieux (1).

(1) Au théisme s'oppose aussi le *Déisme.* Etymologiquement les deux mots sont les mêmes ; mais on réserve le mot de déisme à la croyance en Dieu créateur à l'exclusion du Dieu providence et du

Le polythéisme paraît avoir commencé par le *Dualisme,* la croyance en deux principes opposés et coéternels : principe matériel et principe spirituel dans le dualisme physique ; principe bon et principe mauvais, éternellement en guerre, avec des vicissitudes réciproques de succès et de défaites, dans le dualisme moral que les Manichéens ont renouvelé des Perses (1).

L'homme ayant été entraîné au mal par la suggestion du démon, est resté sous son influence. La nature elle-même agit sur lui avec un attrait diabolique, et le porte à prendre les démons pour des dieux ; c'est la *Démonolâtrie.* Tous les dieux des nations étaient des démons, *omnes dii gentium dæmonia* (Ps. cv, 5 ; Cf. I Cor., VII, 4, 7) qui séduisirent les hommes en se manifestant à eux dans les idoles par des oracles et des prodiges, et se firent adorer d'eux (2).

De la divinisation des démons l'homme est descendu à la personnification et à la divinisation des éléments et des forces de la nature. Gaia, la terre ; Neptune, la mer ; Uranus, le ciel ; Pluton, l'enfer ; Chronos, le temps ; Hélios ou Phœbus, le soleil ; Sélénć, Diane ou Phœbé, la lune ; Vulcain, le feu ; etc., etc. : la nature est un pandémonium, rendez-vous de tous les génies, de tous les démons, d'où sont sorties successivement toutes les idoles.

Quand il arrive à l'homme de rentrer dans son vrai rapport avec le Dieu que lui révèle la création, rapport que le péché a perverti mais non supprimé, il ne peut le confondre longtemps avec la nature. Le sentiment qu'il a, et qu'il ne peut perdre entièrement, de sa ressemblance avec Dieu, lui fait se figurer l'Auteur de la nature semblable à lui-même, ayant même figure, mêmes sens, mêmes facultés, et aussi mêmes passions.

Dieu révélateur. Les déistes prétendent n'admettre que la religion naturelle et rejeter tout culte extérieur ; mais chacun se fait un Dieu à sa fantaisie, et « son petit religion à part soi ».

(1) Le spiritualisme admet aussi le dualisme de l'esprit et de la matière, du monde et de Dieu ; mais, à l'encontre du dualisme polythéiste, il affirme que c'est Dieu, seul, esprit infini, qui a créé la matière et le monde, lesquels restent dépendants de Dieu, comme les effets de leur cause.

(2) La nation juive appelait gentils, *gentes,* les autres nations qui n'avaient pas, comme elle, la connaissance et le culte du vrai Dieu, et dont les dieux variaient avec leur nationalité.

De là l'*Anthropomorphisme* qui atteint son apogée chez les Grecs (1). Mais le mensonge de cette apothéose de l'homme par lui-même est trop flagrant pour que sa conscience ne le réprouve pas, quand elle n'est pas complètement obscurcie. Il se contente alors de diviniser les héros après leur mort : Hercule, Thésée, Persée, etc. ; ou bien les vertus qui lui en imposent et les passions qui le tyrannisent : la puissance et la vie en Jupiter, la beauté dans Junon, les lettres et les arts dans Apollon et les Muses, la sagesse en Minerve, la volupté dans Vénus, l'amour dans Eros et Cupidon, la justice en Thémis, la vengeance en Némésis, la richesse en Plutus, l'habileté dans Hermès ou Mercure, l'ivresse en Bacchus, etc., etc. Il a fallu une décadence morale et une corruption profondes pour en arriver, sous les empereurs romains, à l'apothéose des vivants.

L'homme déchu est tombé dans une exagération plus stupide encore. Perdant conscience de sa dignité humaine, il adora, en Egypte et ailleurs, les animaux ; d'abord les animaux domestiques : le bœuf, la vache, le bouc, la chèvre, le chien, le chat ; puis les animaux nuisibles : le crocodile, les serpents ; et les animaux destructeurs de ces derniers : l'ibis, le vautour ; enfin, des idoles hermaphrodites, moitié humaines, moitié bestiales.

Le dernier degré d'abjection où soit tombé l'homme déchu, c'est l'*Idolâtrie* et le *Fétichisme*.

Par l'idolâtrie, il confond le dieu avec son image d'argile, de bois, de pierre ou de métal ; il identifie l'idole avec le dieu, et adore l'idole elle-même comme un dieu. De la connaissance de Dieu, l'homme ne garde plus que le sentiment qu'il existe hors de lui quelque chose qu'il faut adorer, ce qui est encore préférable à

(1) La vraie religion ne prête à Dieu une forme et des facultés humaines que d'une manière métaphorique, à défaut de mots propres, par comparaison ou analogie, par une sorte de nécessité que nous impose l'imagination, mais dont nous ne sommes pas dupes ; pour rendre sensibles et visibles les choses spirituelles et invisibles. « Nous en avons besoin, dit Tertullien, pour mettre la grandeur et la majesté de Dieu à la portée de notre faiblesse. Si cela paraît indigne de Dieu, cela est nécessaire à l'homme. Or, rien n'est plus digne de Dieu que l'instruction et le salut des hommes. » Il y a donc un anthropomorphisme légitime.

l'*Athéisme,* à l'ignorance ou à la négation de Dieu, absentes du paganisme. Tout le monde antique, en dehors du peuple de Dieu, a versé dans cette erreur grossière. Si le païen civilisé (Homère, Hésiode) ne perd pas tout à fait conscience du symbole et sait voir le dieu en dehors de sa statue, l'idolâtre sans culture ne le voit plus que dans l'image qui frappe ses yeux.

Cette multitude innombrable de dieux dont les païens ont peuplé leur Olympe, leurs Champs-Elysées et leurs Enfers, leurs maisons (Vesta, les Pénates et les Lares), leurs champs (Pan, Cérès, Cybèle, Flore), leurs forêts (Sylvains, Faunes, Dryades), leurs montagnes (Napées et Oréades), leurs rivières (Naïades et Nymphes), etc., ces dieux multiples dépendaient cependant d'un Père et d'un Roi des dieux, et étaient subordonnés les uns aux autres suivant leur dignité et leur fonction. C'est une preuve entre autres que les traditions primitives percent encore à travers les mensonges du polythéisme et recouvrent quelques vestiges de vérité touchant l'existence de Dieu et son unité, la lutte des bons et des mauvais anges, la destinée de l'homme et le jugement dernier, etc., témoignages de l'âme humaine naturellement chrétienne.

Par le fétichisme, ce n'est plus à une statue représentative du dieu que l'homme rend un culte, c'est à un objet quelconque : corne ou dent d'animal, coquillage ou pierre (béryle), etc., qu'il suppose influencé par un esprit que des opérations magiques y ont appelé, et auquel il attribue une action défensive, protectrice, préservatrice ou productive de santé, de fécondité, d'invulnérabilité, de richesse, de puissance, de bonheur, etc. C'est la forme la plus dégradée du polythéisme.

La corruption de l'idée de Dieu, née de la corruption des mœurs, devait fatalement réagir à son tour sur la moralité. La morale repose sur Dieu qui en est le principe, la base, l'idéal et la sanction. Si Dieu est dépouillé de sa perfection morale, la morale elle-même manque de fondement et les vices des dieux deviennent l'objet d'un culte. C'est ce qui est arrivé dans le paganisme. D'autre part, l'apothéose de la nature déchaînait les passions, excitées déjà par les exemples des dieux. Pour les fêter, leurs adorateurs se livraient aux crimes les plus honteux, dans les « mystères » dionysiaques, d'Adonis, d'Isis, de Mithra, etc.

L'auteur du Livre de la Sagesse a fait, du XIIIe au XVIe chapitre, l'histoire des origines du paganisme antique, et l'on pourrait difficilement imaginer un tableau plus saisissant de l'idolâtrie qui régnait dans le monde, avant Jésus-Christ, et dont le peuple juif a seul été préservé, grâce à l'intervention incessante de Dieu. Nous renvoyons nos lecteurs à ces pages autorisées pour compléter et illustrer cette étude. Citons au moins le raccourci vigoureux qu'en a fait saint Paul dans son Épître aux Romains.

« La colère de Dieu éclate du haut du ciel contre l'impiété de ces hommes qui ont tenu la vérité captive dans l'injustice. Dieu s'est fait connaître à eux; car ses perfections invisibles ont été, depuis la création, rendues visibles et intelligibles par ses œuvres. Ils sont donc inexcusables, puisque, ayant connu Dieu, ils ne l'ont point glorifié comme Dieu ; mais ils se sont égarés dans leurs vains raisonnements, et leur esprit et leur cœur se sont obscurcis dans les ténèbres. Se vantant d'être sages, ils sont devenus fous. L'honneur qui n'est dû qu'au Dieu incorruptible, ils l'ont reporté sur l'image d'un homme corruptible, sur des figures d'oiseaux, de bêtes à quatre pattes et de reptiles. Ils ont changé la vérité en mensonge, adoré la créature à la place du Créateur. Aussi Dieu les a-t-il abandonnés à eux-mêmes, aux passions ignominieuses, au sens réprouvé. Hommes et femmes ont souillé leurs corps par des rapprochements contre nature : juste punition des erreurs où ils se sont laissés librement aller. Remplis d'iniquité, de malice, de malignité, de méchanceté, d'impudicité, de cupidité, d'envie et de jalousie, de pensées homicides, de querelles et de fraudes, de calomnies ; arrogants, hautains, fanfarons, ingénieux au mal, insubordonnés; sans intelligence, sans loyauté, sans affection, sans pitié; ils n'ont pas compris que ceux qui font de telles choses sont dignes de mort, et non seulement ceux qui les font, mais aussi ceux qui les laissent faire. » (Rom., I, 18-32)

L'auteur du Livre de la Sagesse avait dit : « Maudite est l'idole et maudit est son auteur : celui-ci parce qu'il l'a faite, celle-là parce qu'elle usurpe le nom de Dieu. Dieu a également en horreur l'impie et son impiété, et il châtiera l'œuvre et l'ouvrier. Un jour, les idoles des nations seront renversées, parce que, créatures de Dieu, elles se sont substituées à Dieu, et sont devenues un scandale pour les hommes, un piège sous les pas des insensés. Elles n'existaient pas à l'origine, elles ne subsisteront pas toujours, *neque erant ab initio, neque erunt in perpetuum.* » (Sap., XIV, 8-13). La prophétie s'est accomplie. Sous le règne de Tibère, Plutarque s'écrie : « Le Dieu Pan, le grand Tout est mort! » C'était l'époque où Jésus-Christ venait détruire l'empire du démon. Les temples et les idoles s'écroulèrent; les pythonisses, les sybilles et les oracles se turent, et le Panthéon d'Agrippa, qui devait être le temple de tous les dieux, en fut le tombeau.

Et cependant, même chez les peuples que l'on a appelés « postchrétiens », qui l'ont été et qui ne le sont plus, quand s'altère la notion du Dieu unique et vrai, reparaissent les faux dieux du paganisme antique. Si l'on n'y adore plus des idoles d'argile, de bois, de pierre ou de métal, on y personnifie du moins des abstractions qu'on divinise en les affublant d'une majuscule. Le Hasard, le Destin, la Nature, l'Evolution, l'Humanité, la Conscience, la Raison, la Science, la Solidarité, le Progrès, le Devoir de Kant; la Catégorie de l'Idéal et le Divin de Renan; l'Axiome éternel de Taine, etc., etc., qu'est-ce que tout cela, sinon les divinités de l'Olympe moderne, les idoles de nos païens du XXe siècle? Ne voyons-nous pas ceux que l'école athée et le rationalisme prétendent avoir affranchis de toute superstition porter des breloques de corail pour se défendre contre le mauvais œil, des épingles ou des médaillles, des anneaux ou des bracelets ornés d'un fer à cheval, d'un trèfle à quatre feuilles, d'une « main de gloire », d'une « poule noire », etc, comme « porte-veine » et porte-bonheur? Ce fétichisme des pays civilisés est le même que celui des pays barbares et s'explique par les mêmes raisons. On commence par détacher la nature de l'Auteur de la nature, les causes secondes de la Cause première, puis on se persuade que la nature et les causes secondes subsistent d'elles-mêmes, et l'on finit par les faire passer au rang de cause première. Et la corruption des croyances entraîne la corruption des mœurs.

II

La divination spéculative tendant à connaître les choses cachées.

On pèche contre la religion de deux manières, par défaut et par excès : par défaut, c'est-à-dire par indifférence, areligion, irréligion. impiété ; par excès, c'est-à-dire par superstition. Ce n'est pas qu'on puisse excéder le culte divin (car l'homme ne saurait jamais honorer Dieu autant qu'il le doit et que Dieu le mérite) ; mais c'est excéder que de rendre à Dieu un culte indu, faux, superflu, indigne de lui, de l'honorer autrement qu'il veut être honoré ; c'est superstition aussi d'exagérer la valeur des créatures et des œuvres de Dieu, en leur attribuant des vertus supérieures à leurs qualités naturelles, *super stat,* en sollicitant d'elles des lumières et des secours que Dieu seul pourrait accorder, mais qu'on ne lui demande même pas.

Quand la superstition attend de personnes ou de choses créées des connaissances qu'elles ne peuvent donner, que Dieu seul possède, — qu'il accorderait peut-être si elles étaient nécessaires au salut et si on les lui demandait convenablement — elle prend le nom de *divination.*

La divination, comme son nom l'indique, s'arroge l'art *divin* de connaître les libres résolutions des agents spirituels et les fortuites manifestations des agents matériels. Il n'y a que Dieu, en effet, dont l'omniscience puisse pénétrer les pensées secrètes et les volontés libres de l'homme, *scrutans corda et renes Deus* (Ps. VII, 10), et dont la prescience puisse prévoir infailliblement les futurs contingents, c'est-à-dire les choses qui peuvent arriver aussi bien que ne pas arriver, *omnia prospiciens* (Sap., VII, 23). Lui seul, par conséquent, peut révéler les secrets des cœurs et annoncer d'avance ce qui, entre tous les possibles, se réalisera. La divination est la contrefaçon de la *révélation* et de la *prophétie :* de la révélation par laquelle Dieu découvre les mystères inaccessibles à la raison humaine, de la prophétie par laquelle il prédit les secrets de l'avenir.

La religion, comme la vérité, est une ; la superstition, comme l'erreur, est multiple. Les superstitions divinatoires sont si variées et si nombreuses qu'il serait difficile de les énumérer toutes. Contentons-nous de grouper les principales autour des personnes et des choses auxquelles elles s'adressent pour en obtenir la connaissance de ce qui est humainement inconnaissable.

Elles s'adressent d'abord à l'*homme* lui-même.

Remarquons auparavant que les sciences qui ont l'homme pour objet, l'anthropologie, par exemple, la psychologie, la physiologie, la phrénologie, la physiognomonie, la graphologie même, etc., peuvent tirer de l'étude d'un individu, de la conformation de son corps et de ses organes, de son état normal ou pathologique, de ses actes spontanés ou habituels, etc., des inductions ou des déductions plus ou moins rationnelles et scientifiques, des conjectures plus ou moins probables sur sa mentalité passée, présente et future. La démarche de l'homme, sa physionomie, ses yeux surtout, le son de sa voix, etc., sont autant de miroirs où son âme vient se réfléchir. Il y a une corrélation étroite entre les gestes, les paroles, l'écriture, etc., d'un individu et ses pensées, ses sentiments, ses volontés. Il n'est donc pas étonnant que ses actes extérieurs dénoncent de quelque manière, — et d'autant mieux que c'est souvent d'une manière inconsciente — ses dispositions intimes. Un physionomiste exercé, un physiologiste averti, un psychologue pénétrant, un moraliste délicat peuvent saisir l'âme humaine jusque dans ses moindres manifestations spontanées ou réfléchies. « Mais, dit La Bruyère, la physionomie n'est pas une règle donnée pour juger les hommes ; elle ne peut servir que de conjecture (12) », et le physionomiste qui donne pour certain ce qui n'est que probable, tombe dans la superstition divinatoire. Outre que le miroir de l'âme peut être faussé par la dissimulation, on y lit les prédispositions natives d'un sujet plutôt que ses habitudes acquises qui font sa vraie valeur morale. Un individu, qui paraît avoir le masque ou les instincts d'un scélérat, peut toujours, par les efforts de sa volonté aidés de la grâce de Dieu, vaincre sa nature et se faire une âme de saint dans un corps taré par l'atavisme et le vice. L'expérience prouve assez qu' « il ne faut pas juger les gens par la mine », et que si « l'habit ne fait pas le moine », la physionomie non plus ne fait pas l'homme.

Les sciences naturelles deviennent superstitieuses quand elles sortent de leur domaine et de leurs méthodes expérimentales par la recherche irrationnelle et anti-scientifique des actes libres de l'homme, des insondables desseins de la Providence et des phénomènes matériels impossibles à prévoir. Ce qui caractérise essentiellement la divination, c'est qu'il n'y a aucun rapport entre les procédés qu'elle emploie et les résultats auxquels elle prétend arriver, entre l'acte accompli et l'effet espéré. Elle est une pure superstition, fille de l'ignorance, de l'illusion ou de la maladie.

C'est superstition — à moins que ce ne soit simple jeu — que de prétendre deviner le caractère et l'avenir d'une personne par les traits de son visage (*métoposcopie*) ; par la forme des mains, en particulier par les lignes qui en sillonnent la paume (*chiromancie*) ; par le développement et la configuration de la boîte osseuse du crâne (*craniomancie*) ; par les paroles prononcées, lues ou entendues au hasard, par la rencontre fortuite de certaines personnes et de certains objets, par une chute accidentelle, un éternuement, un clignement des paupières, un tintement d'oreilles, un tressaillement, un pressentiment, etc. (*présages*). Il y en a qui attribuent à certains individus la faculté de porter malheur à ceux qu'ils regardent ou qu'ils touchent (*mauvais œil, gettatura*), de lire les pensées d'autrui par le simple contact de leur main ou de leur tempe (*cumberlandisme,* du nom de l'opérateur anglais qui mit en vogue cette supercherie). Que d'involontaires et imperceptibles mouvements de muscles révèlent à un observateur exercé les mouvements correspondants des nerfs et de l'âme, on peut l'accorder ; mais il y a loin de ces faibles indices aux prétentions des « liseurs de pensée ». Les *pythons* et *pythonisses,* les *devins* et les *sorciers,* les *égyptiens, bohémiens* et *tziganes,* et autres charlatans de bas étage, s'attribuent aussi la faculté de voir les objets à distance et à travers les objets opaques, les événements futurs comme s'ils se passaient sous leurs yeux (*deuteroscopie, don de seconde vue*), de recevoir ou de transmettre les impressions à distance, indépendamment de toute voie sensorielle reconnue (*télépathie*). Si des faits de ce genre ont été vérifiés quelquefois, ce n'est que par une exception qui rentre dans le calcul des probabilités.

Quant à ceux qui prétendent deviner par les songes, spontanés ou provoqués, les choses cachées, passées, présentes et futures (*oniromancie*), nous en reparlerons en traitant du somnambulisme et de l'hypnose.

La divination s'adresse ensuite aux *esprits* des morts pour leur demander leurs secrets. C'est la *nécromancie* et le *spiritisme,* dont nous traiterons plus longuement au chapitre V.

La superstition se sert aussi des *animaux,* plus spécialement du serpent, du bouc, du porc, des oiseaux, etc,, pour ses divinations. Les *auspices* découvrent dans le vol à droite ou à gauche du geai, de la pie, de la corneille ; dans le chant du coq, de l'alouette, du rossignol ; dans le cri du hibou, du corbeau, du crapaud, etc., le *présage* d'événements futurs, heureux ou malheureux ; dans l'apparition des araignées le matin, à midi et le soir ; dans les mouvements d'ailes et dans les cris des oies du Capitole et des poulets sacrés du Forum, de favorables ou funestes *auspices ;* tandis que les *aruspices* tirent leurs *présages* des apparences que présentent les entrailles des animaux offerts en sacrifice.

Les *êtres inanimés* eux-mêmes servent de matière à la divination. Tandis que l'astrologie naturelle, ou astronomie, se contente de pronostiquer, d'après les indications du baromètre, du thermomètre, de l'hygromètre, de l'anémomètre, et autres instruments météorologiques, les variations probables de l'atmosphère, le beau ou le mauvais temps, le vent, la pluie ou le soleil, — l'*astrologie judiciaire* a la prétention de porter des *jugements* fermes sur les événements en les liant aux phénomènes célestes ; de prévoir l'avenir par l'inspection des astres et des constellations, par les *aspects* ou positions que présentent le soleil, la lune et les planètes, les uns par rapport aux autres ; de tirer l'*horoscope* d'un individu en observant l'état du ciel au moment de sa naissance ou de quelque autre période critique de sa vie ; de prédire sa destinée par le point de l'écliptique qui se lève à l'horizon à son arrivée au monde. Elle attribue arbitrairement à chaque astre une influence sur les hommes, les animaux, les plantes, influence capable d'amener des catastrophes physiques et des révolutions politiques, malgré les cruels démentis que ne manquent pas de lui infliger les événements.

Les quatre éléments : l'air, le feu, la terre et l'eau, que les anciens regardaient comme des substances simples dont toutes les autres étaient composées, révèlent et prédisent tour à tour. L'air, par les levers et les couchers de soleil, les bolides et les étoiles filantes, le tonnerre et les éclairs, les éclipses de soleil et de lune ; la forme, la qualité et la marche des nuages, etc. *(aéromancie)*. La terre, par l'observation des fissures ou des aspérités qui se forment naturellement à sa surface ; par les dessins des veines du marbre, des pierres précieuses, des minerais, du tronc scié des arbres, etc. *(géomancie)*. L'eau, par le nombre et la disposition des gouttes de pluie tombées sur un endroit donné, par l'aspect plus ou moins calme ou agité d'une fontaine ou d'un lac, par le mouvement dans l'eau d'un fil à plomb suspendu au doigt de l'opérateur, etc. *(hydromancie)*. Le feu, par la manière dont il s'allume ou s'éteint, par la direction et la crépitation des flammes avec ou sans fumée, etc. *(pyromancie)*.

Les ustensiles de ménage ont presque autant de valeur révélatrice : les salières renversées et les couteaux en croix, les jeux de lumière et les effets d'optique des verres et des carafes (*cristallomancie*), les miroirs et les globes magiques où l'on voit ce qu'on s'imagine voir, les baguettes divinatoires qui font découvrir les sources, les trésors cachés, les traces de criminels, etc. (*rabdomancie*), ont servi et servent encore à la superstition.

L'arithmétique avec ses chiffres néfastes, comme le redoutable treize, ou heureux, comme le trèfle à quatre feuilles ; les dés et leurs nombres de points ; la géométrie avec ses figures, ses carrés et ses cercles magiques, les dessins fortuits du kaléidoscope, des jonchets ou des dominos ; la physique avec ses prestiges, ses apparitions et ses visions symboliques ; l'imprimerie avec ses cartes dont les figures, les as surtout, sont de tout premier ordre dans l'art notoire (*cartomancie*) ; le calendrier avec ses jours de malheur, comme le vendredi ; avec ses heures rendues fastes ou néfastes par la vue d'une hirondelle ou d'une araignée ; toutes ces choses et bien d'autres encore composent l'arsenal de l'art divinatoire.

Le hasard lui-même y occupe une place de choix. Il n'est rien, n'a jamais rien fait, ne pourra jamais rien faire ; et cependant sous le nom fatidique de *destin*, il commande à la divinité elle-même, et il rend ses oracles par les dés et les cartes, par les tirages à la loterie et à la courte paille, par les livres ouverts sans préméditation, sans calcul, et lus à la première ligne de la première page ainsi rencontrée (*sorts*).

La superstition est à la religion ce que l'astrologie est à l'astronomie, la fille très folle d'une mère très sage. Elle est une déviation du sentiment religieux qui, privé par l'indifférence ou l'irréligion de son objet véritable, ou comprimé par l'impiété, reporte sur les créatures et les œuvres de Dieu le culte qui n'est dû qu'à Dieu, et va leur demander la révélation ou la prédiction de secrets que Dieu s'est exclusivement réservés et qu'il ne dévoile que quand il veut et à qui lui plaît. Elle est aussi une juste punition infligée à l'orgueil de la raison humaine émancipée de la raison divine, c'est-à-dire de la foi. La crédulité remplace la foi. Les pires superstitions païennes, que l'Eglise a eu tant de peine à faire disparaître, tendent à renaître avec le paganisme dans nos sociétés déchristianisées. « Incrédules, les plus crédules ! s'écrie Pascal. Ils croient les miracles de Vespasien pour ne pas croire ceux de Moïse. » Ils ne croient pas à l'Eglise et à ses ministres, mais ils croient à l'Occultisme et à ses médiums ; ils ne croient pas à la vertu surnaturelle des sacrements et des sacramentaux, mais ils croient à la vertu des amulettes, des baguettes de coudrier. Leur orgueil et leur vaine curiosité chavirent dans la sottise et la folie.

III

Oniromancie. 1° sommeil, somnambulisme et songes naturels.

Le sommeil, qui absorbe un tiers de notre vie, est un état périodique de repos, alternant avec le travail et la fatigue, pendant lequel les fonctions locomotrices du corps (relation, mouvement) sont suspendues, ses fonctions physiologiques (respiration, circulation, digestion) ralenties, et les falcultés sensibles de l'âme (imagination, mémoire) échappent plus ou moins au contrôle de la raison et au gouvernement du libre arbitre. Tandis, en effet, que le corps se délasse en cessant momentanément ou en diminuant ses fonctions, l'esprit se repose en détendant les ressorts de l'attention et de la volonté, et en laissant l'imagination et la mémoire errer à l'aventure sur les images et les souvenirs, mobiles et fugaces, qui se combinent pour former les rêves et les songes. Des rêves, confus et incohérents, on ne garde guère de traces au réveil; les songes, mieux sentis, plus suivis, offrent une certaine coordination et l'on en conserve un souvenir plus profond et plus net.

La superstition a foi dans les songes, prétend en interpréter les obscurités, en tirer des inductions et des présages, y découvrir les secrets des cœurs et de l'avenir. Pour en montrer la vanité et l'erreur, il suffit d'exposer la genèse des songes.

On sait que l'imagination reproduit les perceptions des sens, et qu'en associant ces sensations visuelles, auditives, olfactives, gustatives et tactiles, elle en forme les images des objets perçus. La mémoire, à son tour, emmagasine ces images, les idées sensibles des choses, et les tire de ses archives, spontanément ou quand on l'en prie, pour les montrer à l'occasion. Après avoir vu un objet, on ferme les yeux, et on le revoit; même les yeux ouverts, on revoit l'objet absent. Cette vision ferait prendre l'image pour l'objet correspondant, si la raison ne rectifiait aussitôt cette erreur, et si la mémoire n'avertissait pas que c'est l'*image actuelle* d'une *sensation passée*. Mais il arrive parfois que l'image d'un objet se présente avec tant de netteté et de vivacité qu'on la confond avec l'objet lui-même. C'est l'*hallucination* qui fait croire réel et extérieur un objet absent, inexistant, ou du moins n'existant que dans l'esprit. On est dupe de l'imagination en prenant le portrait d'un individu, la photographie d'un paysage, pour l'individu, pour le paysage lui-même. J'imagine un cavalier sur son cheval, mais je sais qu'il n'existe pas sous mes yeux, j'ai une imagination normale; je me persuade, au contraire, qu'il existe réellement devant moi, j'éprouve une hallucination. Il arrive encore, dans la distraction et la rêverie, que les objets s'impriment dans l'imagination et la mémoire à l'insu de la conscience : de là des images latentes susceptibles de reparaître et des souvenirs inconscients susceptibles de devenir conscients dans des crises d'hypermnésie.

Ce sont ces idées-images et ces réminiscences conscientes ou inconscientes, ces illusions et ces hallucinations, fréquentes déjà dans la veille, qui naissent ou ressuscitent durant le sommeil, où, n'étant plus contrôlés par la raison ni dirigées par le libre arbitre, elles s'associent au hasard, se heurtent, se bousculent, s'écroulent, se relèvent, se reconstituent, pour former les rêves et les songes. La mémoire imaginative a une puissance créatrice plus grande dans le sommeil que dans la veille, capable d'évoquer et de mettre en œuvre des matériaux amassés à son insu, et d'en construire des architectures inédites dans leur ensemble. De plus, l'esprit n'étant pas complètement affranchi des liens du corps, en reçoit des impressions qui, vu l'assoupissement des sens, lui arrivent incomplètes et informes, qu'il insère néanmoins dans la trame de ses rêves, en les y adaptant, et qui donnent lieu à des scènes fantastiques, moitié fausses, moitié vraies, où l'espace et le temps sont confondus, mais où un certain ordre peut se rencontrer. La seule présence de l'image provoque les mêmes mouvements instinctifs que la sensation ellemême : on croit voir de vraies formes, entendre de vrais sons, toucher de vrais objets.

Il arrive enfin que l'activité mentale s'exalte dans le

sommeil au point de réveiller partiellement le corps, de lui faire reprendre ses fonctions locomotrices et l'exercice de quelques-uns de ses organes et de ses sens, de le faire agir et parler. Le *somnambulisme* rend certaines personnes aptes à percevoir des sensations sans l'intermédiaire des sens, de voir de nuit les objets éclairés tels qu'elles les voient de jour; de se livrer, endormies, à la marche, à toutes les occupations auxquelles elles ont l'habitude de se livrer, éveillées; de les exécuter même avec plus de sûreté et d'adresse, et d'en faire d'autres dont elles seraient incapables à l'état de veille.

Tous ces phénomènes sont naturels, s'expliquent par l'exaltation de certaines facultés et l'engourdissement de quelques autres, ne laissent rien d'extraordinaire à découvrir à la divination. Si le caractère se révèle dans le rêve, c'est que l'âme, agissant alors sans réflexion et sans calcul, manifeste spontanément ses sentiments intimes qu'elle dissimule à elle-même et aux autres dans la vie de relation.

Il est probable qu'il n'y a point de sommeil sans rêves, car on ne conçoit guère que l'âme cesse d'être active et de penser. S'il y en a qui prétendent ne pas rêver, ou ne rêver que rarement, c'est qu'ils perdent sans doute au réveil le souvenir de ce qui s'est passé en eux. Les témoins éveillés de leur sommeil leur surprennent toujours des gestes et des paroles, indices certains de rêves véritables. Il suffit de les leur rappeler pour leur en faire retrouver le souvenir. Cet oubli d'ailleurs n'est pas plus étrange que celui de tant de pensées qui traversent l'esprit durant le jour et dont il ne reste plus de traces conscientes le soir.

Cette activité mentale, qui persiste dans l'assoupissement du corps, peut être mise à profit et devenir féconde. Voulez-vous doubler votre temps? dit le Père Gratry, faites travailler votre sommeil. « La nuit porte conseil », dit-on. C'est plus vrai qu'on ne pense. Un germe déposé dans l'esprit se développe, non seulement par l'étude et la réflexion, mais aussi par une sorte de fermentation sourde qui se poursuit en nous sans nous, comme la semence dont l'Evangile dit qu'elle croît d'elle-même, qu'il fasse nuit ou qu'il fasse jour, que le semeur dorme ou qu'il veille (Mat., IV, 26-28). Les écoliers qui regardent leur leçon avant de s'endormir la savent par cœur en se réveillant. Les religieux qui préparent leur méditation la veille au soir la trouvent vivante le lendemain matin. Laplace, l'illustre mathématicien, trouvait souvent résolus au réveil les problèmes que le travail de la journée n'avait pu résoudre (*Les Sources*).

Les songes ne sont ordinairement que des phénomènes physiologiques et psychiques sans conséquence, auxquels on ne doit pas attacher plus d'importance qu'ils n'en ont. Ou bien ils reproduisent les pensées et les préoccupations de la veille, et alors nous pouvons en être jusqu'à un certain point responsables; ou bien ils résultent d'une combinaison nouvelle d'images et de souvenirs d'où naissent des fantômes et des chimères qui n'intéressent en rien notre raison et notre libre arbitre. S'ils apportent parfois une réponse lumineuse aux questions posées la veille, une solution inattendue aux problèmes que la réflexion avait vainement sondés, c'est par un travail inconscient de l'esprit ou par un cas fortuit. Si un pressentiment rêvé se réalise, il n'y a rien là de merveilleux, puisque tout ce qui est possible est réalisable. Pour une prévision qui coïncide fortuitement avec l'événement, il en est mille qui ne sont pas suivies d'effet.

« L'insensé attend des songes ce qu'ils ne peuvent donner. C'est vouloir poursuivre le vent et saisir une ombre que d'y chercher la vérité. De visions mensongères que peut-il sortir de vrai? La divination par les songes (*oniromancie*) est chose vaine. Le cœur, comme celui d'une femme enceinte, y est le jouet de l'imagination. A moins d'être une manifestation de Dieu, ils ne méritent pas d'arrêter l'attention. Ils sont une source d'erreurs et de chagrins. Il n'y a que la parole et la loi de Dieu qui ne trompent point. » (Eccli., XXXIV, 1-8).

L'Ecriture Sainte nous apprend, en effet, que Dieu se sert quelquefois des songes pour entrer en relation avec les hommes. *Per somnium loquar ad eum (prophetam)* (Num., XII, 6). « Dieu parle tantôt d'une manière, tantôt d'une autre, et l'on n'y fait pas attention, dit Job. Il parle dans les songes par des visions nocturnes, quand le sommeil s'appesantit sur les hommes étendus sur leur couche. Alors il leur ouvre l'oreille (l'intelligence) et leur donne des enseignements qui se gravent dans leur esprit comme un cachet sur la cire, afin de les détourner de l'erreur et du mal, de sauver leur âme de la mort et leur vie des dangers qu'elle court » (Job, XXXIII, 14-18).

Parmi les nombreuses visions divines ou angéliques rapportées par la Sainte Ecriture, il suffit de rappeler celle où Jacob vit une échelle qui reliait la terre au ciel, et par laquelle les anges descendaient vers les hommes pour leur apporter les grâces de Dieu, et remontaient pour porter à Dieu les besoins et les prières des hommes (Gen., XXVIII, 12) ; celle de Joseph dont l'événement a vérifié la prédiction (Gen., 4) ; celle de Pharaon interprétée par Joseph (Gen., XLI, 17), celle de Nabuchodonosor interprétée par Daniel (Dan., II) ; celle de Salomon (III Reg., III, 5). C'est en songe que les rois mages furent avertis de ne pas retourner vers Hérode (Mat., II, 12), que saint Joseph reçut la révélation du mystère de l'Incarnation (Mat., I, 20) et l'avis de fuir en Egypte avec l'Enfant Jésus et sa Mère (Mat., II, 13). La vie des Saints en offre aussi de nombreux exemples. Saint Hugues, évêque de Grenoble, vit en songe l'arrivée de saint Bruno et de ses compagnons dans le désert de la Grande Chartreuse. Bossuet, dans l'oraison funèbre d'Anne de Gonzague, attribue à un songe mystérieux la conversion de la princesse palatine, etc., etc. Si Dieu choisit ainsi le temps de la nuit et du sommeil pour révéler à l'homme ses pensées et ses volontés, pour lui annoncer l'avenir, c'est peut-être parce que l'âme, affranchie partiellement des servitudes du corps, des préoccupations et des distractions du jour, y est plus recueillie, plus attentive, plus passive, plus apte, par conséquent, à recevoir les communications divines et à y correspondre docilement.

Les songes qui viennent de Dieu doivent porter avec eux des signes certains de leur origine divine. Ils ne peuvent que mettre la lumière dans l'esprit, le calme dans le cœur, la force dans la volonté, ou bien le trouble et le remords dans une conscience coupable. Les rêves pathologiques et diaboliques produisent des effets tout contraires.

Moïse disait à son peuple : « S'il s'élève du milieu de vous un prophète ou un songeur faisant des prédictions que l'événement justifie, ou prétendant avoir en songe des visions, qui vous dise : « Allons ! suivons les dieux étrangers et inconnus, et servons-les ! », vous n'écouterez pas ce prophète ou ce songeur. C'est le Seigneur votre Dieu qui vous éprouve pour s'assurer si vous l'aimez ou non. C'est lui seul que vous devez écouter, à qui vous devez obéir et rester fidèles. Quant au prophète ou au songeur, il mérite la mort, parce qu'il vous a prêché la révolte contre Dieu (Deut., XIII, 1-5). »

Ce ne sont donc pas les songes, les visions et les prévisions oniriques, que Dieu condamne ; c'est l'abus qu'on en fait pour se détourner de Dieu et en détourner les autres ; c'est la superstition qui met la confiance en des chimères au-dessus de la foi en Dieu, *super stat ;* c'est la divination par les songes, l'*oniromancie.* « Ne vous laissez pas séduire par les devins ni par les songes que vous vous donnez, car c'est faussement qu'il prophétisent en mon nom », dit le Seigneur (Jer., XXIX, 8, 9).

IV

Oniromancie. 2° sommeil, somnambulisme et songes artificiels, ou hypnose.

Après le travail manuel ou mental de la journée, on éprouve, avec une sensation de fatigue, le besoin de se reposer, de réparer ses forces, de dormir. Ce n'est pas parce qu'on est épuisé qu'on dort, on dort pour ne pas être épuisé : le surmenage produirait plutôt l'insomnie. Au besoin somatique répond une envie psychique de repos qui fait que, loin de lutter contre le sommeil, on y consent volontiers et on s'y livre avec plaisir. Le silence et l'obscurité de la nuit y invitent aussi. Alors on s'isole de tout ce qui frappe les sens et sollicite l'attention, on s'étend sur un lit, on écarte toute contention d'esprit pour ne songer qu'à dormir, et l'on s'endort. Que si le sommeil tarde à venir, on recourt à certains procédés pour le déterminer : lecture ou conversation banales, bercement passif, audition d'une cantilène ou d'un bruit monotone comme le tic-tac d'une pendule, répétition machinale de formules routinières, etc., qui relâchent les ressorts de l'attention et finissent par amener l'inconscience de l'esprit et l'engourdissement du corps. On est endormi. C'est le sommeil spontané, naturel, ordinaire, normal.

Le sommeil peut aussi être provoqué artificiellement, sans besoin de repos, par des moyens spéciaux indiqués par l'expérience. Le praticien isole la personne qu'il veut endormir de tout ce qui pourrait exciter son activité physique et intellectuelle, dans une chambre obscure et silencieuse, sur un siège commode; lui persuade qu'elle peut s'endormir pour peu qu'elle veuille bien s'y prêter. Si, en effet, elle résiste à la pensée de dormir, si elle est convaincue qu'elle ne s'endormira pas; si, au lieu d'arrêter son attention sur l'idée de repos, elle la porte d'une idée à une autre, elle échappe à l'influence de l'opérateur. Aussi, celui-ci s'efforce-t-il de capter l'attention du sujet et de la concentrer sur un seul objet, sur une idée unique, en lui faisant fixer les yeux sur les siens, ou sur un objet brillant et rapproché, ou même sur l'extrémité du nez. Bientôt le clignotement des paupières lui dénonce l'envahissement progressif du sommeil. Pour y aider au besoin, il ferme les paupières, et, d'une voix impérative, commande : « Dormez ! » C'est fait. Une inspiration profonde avertit que le patient est endormi. Et voilà le sommeil provoqué, artificiel, hypnotique.

L'hypnose tient le milieu entre le sommeil normal qui engourdit les facultés et la névrose qui les exalte : c'est un sommeil nerveux. Il passe, en commençant, par trois phases : la catalepsie, ou cessation des fonctions sensitives, motrices et musculaires ; la léthargie, ou sommeil profond, aïdéique, sans manifestation intellectuelle; et le somnambulisme où reparaît l'activité mentale. Mais les sujets entraînés, habitués à l'hypnose, entrent d'emblée en somnambulisme plus ou moins lucide à la première injonction. On peut aussi faire passer un sujet du sommeil naturel à l'hypnose, à son insu, par conséquent. Pour le réveiller, il suffit de lui souffler sur les yeux, ou de commander « Réveillez-vous ! » Au réveil, il oublie tout ce qui s'est passé durant le sommeil, amnésie qui s'explique assez par l'absence de toute liaison entre les idées étrangères de l'hypnose et les idées personnelles de la veille.

Le sommeil artificiel est appelé *magnétique* par ceux qui croient que l'homme exerce sur l'homme une influence analogue à celle que l'aimant, *magnes*, exerce sur le fer : d'où le magnétisme animal. Pour expliquer cette influence, ils imaginent l'hypothèse de l'existence en l'homme d'un fluide subtil, fluide vital, fluide nerveux, analogue, sinon identique, au fluide électrique répandu partout dans la nature, susceptible d'actionner le galvanomètre, et de se communiquer d'un homme à un autre par l'intermédiaire du système nerveux qui lui sert de véhicule. Pourquoi, disent les partisans actuels de cette théorie, deux cerveaux, organes plus parfaits que les appareils physiques de Branly, ne joueraient-ils pas le rôle, l'un de transmetteur, l'autre de récepteur du fluide nerveux, comme dans la télégraphie sans fil ?

La communication se fait par le contact, ou même par l'imposition à distance des mains, et par des *passes*. Celles-ci consistent à promener lentement, un plus ou moins grand nombre de fois, les mains étendues du front et de la nuque aux épaules, le long des bras, de la poitrine et du dos. Par ces manœuvres, les magnétiseurs prétendent infuser aux magnétisés, en même temps que leur fluide nerveux, leurs pensées et leurs volontés ; tranfuser aussi la force vitale d'une personne bien portante dans l'organisme d'une personne affaiblie ou malade.

L'école de Nancy rejette l'hypothèse du fluide nerveux, les passes du magnétisme, et préconise la *suggestion*. Celle-ci consiste à suggérer, à insinuer, à faire entrer dans l'esprit d'un autre la pensée et la volonté d'un acte à accomplir ou à omettre. Tandis que la *suggestion morale* s'adresse à la raison et à la conscience par l'instruction, le conseil, la persuasion, sollicite l'effort personnel, excite la volonté, aide le libre arbitre, — la *suggestion hypnotique* ne s'adresse qu'au système nerveux et au cerveau par l'idée et l'image sensibles, n'agit que sur l'imagination et la mémoire, dans l'inertie de la volonté et du libre arbitre. Quant à la *suggestion mentale,* transmission de la pensée intime et secrète de l'hypnotiseur à l'hypnotisé sans aucune traduction extérieure et antérieure, elle est controuvée.

On suggestionne par la parole, nous l'avons dit, et aussi par l'attitude. On donne au visage, au corps, aux membres du sujet endormi l'attitude exprimant tel sentiment, ébauchant telle action, indiquant la présence de tel objet, et aussitôt l'état mental correspondant se produit : le patient éprouve ce sentiment, achève cette action, croit à la présence de cet objet. Suivant ce qui lui est intimé, il a la perception hallucinatoire de l'objet absent, ou bien il ne perçoit pas l'objet présent. Il obéit automatiquement aux ordres et aux défenses de l'hypnotiseur, non seulement au moment où ils lui sont donnés, mais longtemps après, bien qu'ils aient été oubliés dans l'intervalle. Il est privé de la conscience et de la maîtrise de soi tant qu'il reste sous l'influence immédiate ou médiate des suggestions hypnotiques.

On voit les ressemblances et les différences qui existent entre le somnambulisme spontané et le somnambulisme provoqué. Dans le premier, le somnambule est un rêveur abandonné à lui-même, dont certaines facultés sont éveillées, hyperesthésiées, et dont les actes dépendent, sinon de sa libre volonté, du moins des lois physiologiques de son tempérament; dans l'hypnose, au contraire, le dormeur est sous la dépendance de l'opérateur qui le dirige à son gré; lui fait voir, entendre, sentir, goûter, toucher ce qu'il veut ; le fait parler, se mouvoir, agir malgré lui. De plus, comme l'art imite la nature en la perfectionnant, si l'hypnose ne crée pas de nouvelles aptitudes, elle met du moins en activité, développe et porte à leur paroxysme certaines facultés, et donne aux sens une acuité extraordinaire qui leur permet de percevoir ce qu'ils ne percevraient jamais à l'état normal; de distinguer, par exemple, à l'œil nu des objets qui ne sont visibles qu'au microscope ou au télescope; de voir dans l'obscurité assez nettement pour s'y conduire avec assurance comme les nyctalopes; de suivre les traces d'une personne à l'odorat, comme les chiens, et de reconnaître les objets qu'elle a touchés; de choisir les aliments et les remèdes qui conviennent, avec une sagacité qu'on n'observe que chez les animaux, etc., etc.

Quelque singuliers et mystérieux que soient les phénomènes hypnotiques, ils ont été constatés par trop d'honorables spécialistes pour être mis en doute, et, s'ils sont extraordinaires, ils ne sont pas extranaturels, quoiqu'on ne leur trouve pas toujours une explication satisfaisante. Si des personnes, dont la folie avait obscurci la raison depuis de longues années, se réveillent parfois, aux approches de la mort, comme d'une léthargie ou d'un cauchemar, recouvrent toute la lucidité de leur esprit, étonnent même les témoins de leurs derniers jours par la sagesse et l'élévation de leurs pensées; si des personnes échappées à un péril mortel, à un naufrage, attestent avoir vu, à cet instant tragique, se dérouler à leurs yeux le tableau de leur vie entière, dont elles embrassaient tous les détails d'un seul regard et en un clin d'œil, — pourquoi n'admettrait-on pas que l'homme puisse se trouver accidentellement, spontanément ou artificiellement, dans des états nerveux où les sens du corps et les facultés de l'âme acquièrent un développement, une acuité, une finesse extraordinaires; où l'intuition lui tienne lieu d'instinct sans le secours de la réflexion ; où les suggestions immédiatement réalisées s'expliquent par l'hallucination; où les suggestions *à terme* se réalisent comme les autosuggestions qui nous réussissent si bien quand, par exemple, avant de nous endormir, nous nous proposons de nous réveiller à telle ou telle heure pour vaquer à telle ou telle occupation, etc.?

Ce qu'on ne saurait admettre, c'est que des procédés purement physiques produisent des effets disproportionnés à leur cause. C'est une loi que chaque sens a sa fonction et qu'il ne peut être remplacé ni suppléé par un autre; que nos sens sont faits pour percevoir les objets sensibles placés hors de nous; que la parole, l'écriture, le geste sont les seuls moyens de manifester hors de nous ce qui se passe en nous, dans notre esprit et notre cœur. Il faut donc rejeter comme superstitieuses : la vision à distance et à travers les corps opaques (à moins que l'hyperesthésie permette de percevoir les rayons lumineux à travers la membrane des paupières fermées); la vision, sans le secours des yeux, par les doigts, l'épigastre ou l'occiput; la vision, sans diagnostic, des organes internes, de leurs lésions, de leurs maladies et des remèdes appropriés; la prévision de maladies lointaines, de la guérison ou de la mort; la pénétration des pensées et des volontés libres d'autrui, etc.

L'hypnotisme thérapeutique, de l'aveu même de ceux qui le pratiquent, ne peut rien sur les maladies organiques et n'a d'efficacité que sur les affections nerveuses. La psychiâtrie et l'orthopédie hypnotiques ne donnent pas non plus tous les merveilleux résultats qu'on en attend...

Mais on comprend combien l'usage de l'hypnotisme est dangereux à la santé de l'âme et du corps, comme il doit tenter la curiosité vaine et malsaine, la superstition divinatoire, et fournir au démon l'occasion favorable d'intervenir habilement pour la satisfaire. Aussi ne peut-il être permis, dans la mesure où il est utile aux recherches de la science et au bien de ceux qui s'y soumettent, qu'aux hommes compétents, honnêtes et consciencieux, pour une fin honnête, avec des moyens honnêtes, en présence de témoins non suspects, sur des sujets décidés d'avance à ne consentir à rien de ce que réprouvent la religion et la morale.

Dès 1840, on demandait à Rome si le magnétisme, pris en général et en soi, devait être réputé licite ou illicite. Rome répondait : « Toute erreur, tout sortilège, toute invocation explicite ou implicite du démon étant écartés, la simple action d'employer des moyens physiques, d'ailleurs licites, pour obtenir des effets naturels, n'est pas moralement défendue, pourvu qu'elle ne tende pas à une fin illicite. »

Pourquoi, en effet, le sommeil provoqué par les procédés du magnétisme ou de l'hypnotisme serait-il moins moral que le sommeil provoqué par une dose modérée d'opium ou de chloral? L'usage de l'hypnotisme sans superstition peut être assimilé à l'usage de l'alcool sans intempérance ; de l'éther, du chloroforme ou de la cocaïne, sans imprudence. L'hypnose ne porte pas nécessairement à l'erreur et au mal plus que l'inhalation d'un gaz hilarant, tel que le protoxyde d'azote. Qu'on ne lui demande que des résultats physiologiques ou thérapeutiques licites en eux-mêmes et n'impliquant aucun désordre passionnel, il sera permis de se faire hypnotiser comme il est permis de se laisser anesthésier.

Mais demander à l'hypnotisme la révélation de libres déterminations de la volonté humaine, la prédiction de futurs contingents humainement et naturellement inconnaissables, la jouissance de je ne sais quelle ivresse et de quels rêves voluptueux, c'est tomber dans la superstition divinatoire et l'immoralité.

A une nouvelle consultation de 1856, Rome répondait : « Abandonnant l'étude régulière de la science, des hommes voués à la recherche de ce qui peut satisfaire une vaine curiosité, au détriment du salut des âmes, et même au préjudice de la société, se vantent d'avoir trouvé le moyen de révéler les choses cachées et de prédire les choses à venir. Des femmes, de tempérament débile ou névrosé, livrées, par des manœuvres qui offensent la pudeur, aux prestiges du somnambulisme, prétendent voir toutes sortes de choses invisibles, et s'arrogent, dans leur audace téméraire, la faculté de parler sur la religion, de découvrir les choses inconnues et éloignées et de pratiquer d'autres superstitions de même genre, pour attirer à elles-mêmes et à leur barnum des gains considérables par leur art divinatoire. Quels que soient l'art ou l'illusion qui entrent dans ces diverses pratiques, comme on y emploie des moyens naturels pour obtenir des effets qui ne le sont pas, ils constituent une tromperie sentant l'hérésie et scandaleuse contre la pureté des mœurs. »

Ainsi entendus et pratiqués, le magnétisme et l'hypnotisme ne sont autre chose que l'oniromancie d'autrefois adaptée à la civilisation d'aujourd'hui.

VI

Nécromancie et Spiritisme.

Condamné à l'ignorance par le péché originel, l'homme déchu reste avide de savoir. Pour apprendre ce qu'il a besoin de ne pas ignorer, Dieu lui a donné la la raison et a livré le monde à ses recherches (Eccle., III, 11). La révélation divine est venue au secours de sa raison en tout ce qui lui est nécessaire de connaître pour accomplir sa destinée et opérer son salut. Mais la curiosité humaine est insatiable. Ce que la nature, l'expérience, la raison naturelle et la révélation surnaturelle lui refusent, elle s'efforce de le surprendre ou de l'arracher à tous les êtres animés et inanimés par des moyens irrationnels et superstitieux. Et ce qu'elle ne peut apprendre des vivants, elle va le demander aux morts. En tous temps, les hommes ont prétendu entrer en relation avec les génies bons et mauvais, évoquer les mânes des morts, pour en obtenir le secret des choses cachées, passées, présentes et futures. C'est la *nécromancie,* la divination par les morts.

La Chaldée, patrie d'Abraham, père des Hébreux; l'Egypte par où ceux-ci avaient passé; le pays de Chanaan où Dieu les fit entrer et s'établir; le monde païen tout entier pratiquait la nécromancie. Moïse l'avait défendue à son peuple. « Quand tu entreras dans le pays de Chanaan, tu n'imiteras pas les abominations de ses habitants. Que nul chez toi ne s'adonne à la divination et à la magie, ne pratique l'art des augures et des incantations, ne consulte les nécromans et les pythonisses et n'interroge les morts. Quiconque fait ces choses est en abomination devant Dieu. » (Deut., XVIII, 9-14.) « Quand ils vous diront: Consultez ceux qui évoquent les morts, vous leur répondrez: N'avons-nous pas notre Dieu pour le consulter, et pourquoi s'adresser aux morts pour les vivants? » (Is., VIII, 19.) Malgré toutes ces défenses, le peuple de Dieu se laissait entraîner aux superstitions des païens au milieu desquels il vivait. Saül avait été obligé de chasser du pays les nécromans, ce qui ne l'empêcha pas d'y recourir lui-même.

Sur le point d'en venir aux mains avec les Philistins, et inquiet sur l'issue du combat, Saül consulte le Seigneur. N'en recevant aucune réponse, ni en songe, ni par les prophètes, il se rend de nuit sous un déguisement chez la pythonisse d'Endor. Celle-ci, n'ignorant pas la loi récemment portée, soupçonne un piège et hésite à répondre. Le roi lui jure qu'il ne lui arrivera rien de fâcheux et lui demande d'évoquer Samuel. A l'appel de la pythonisse Samuel apparaît. Etonnée du succès de son évocation, elle pousse un cri. « Pourquoi m'en as-tu imposé ? dit-elle au roi, car tu es Saül ? » Elle juge que le roi seul pouvait faire apparaître un si grand personnage. « Rassure-toi, dit Saül, et dis-moi qui tu vois. — Je vois s'élever de terre un être mystérieux couvert d'un manteau. » Saül comprend que c'est Samuel et se prosterne devant lui. « Pourquoi troubler mon repos ? demande le prophète. — C'est que je suis dans une grande détresse, répond le roi. Les Philistins me déclarent la guerre, et, à défaut du Seigneur sourd à mes prières, j'ai recours à toi pour savoir ce que j'ai à faire. — Ne t'ai-je pas annoncé déjà que Dieu t'avait rejeté pour tes crimes, qu'il t'arracherait le sceptre pour le donner à David ? Demain, toi et tes fils vous serez avec moi parmi les morts, et Israël tombera aux mains des Philistins. » Confondu et épouvanté, Saül tombe à terre. La pythonisse a de la peine à lui faire prendre un peu de nourriture pour refaire ses forces. Il repart la nuit même pour son camp, et l'événement justifia la prédiction. (I Reg., XXVIII.) Mieux que toute explication, cet épisode fait connaître les procédés et les résultats de la nécromancie d'autrefois devenu le spiritisme d'aujourd'hui.

Après avoir été refoulée par le christianisme, la nécromancie, en effet, sous le nom de *spiritisme,* envahit de nouveau nos sociétés déchristianisées. Rien de plus fantastique que l'histoire de sa renaissance et de son développement.

C'est en Amérique, féconde en superstitions, et vers le

milieu du siècle passé, que les esprits se sont manifestés d'abord par des coups mystérieux frappés sur les murs, le plafond et le plancher, les meubles et les personnes d'une maison, ce qui les a fait appeler « esprits frappeurs ». Un jour, une jeune enfant a l'idée de frapper la table en s'écriant : « Par ici, Monsieur Pied Fourchu, faites comme moi ! » Pied Fourchu frappe la table. « Comptez dix ! » Il les compte, et, par ce langage convenu, il entre en conversation avec la famille. Le fait une fois connu, d'autres brûlèrent de le renouveler.

L'expérience apprit que le moyen d'évoquer les esprits est de se mettre plusieurs à poser les mains sur une table ronde et légère, pouce contre pouce et les petits doigts contre ceux du voisin, de manière à former une chaîne fermée. Si chacun se prête sérieusement à l'expérience et souhaite vivement qu'elle réussisse, le mouvement attendu ne tarde pas à se produire : la table se met à tourner de plus en plus rapidement, sans qu'on ait conscience d'y coopérer volontairement. Pour interroger l'esprit qui est censé hanter la table, on lui pose des questions par oui et par non, en convenant d'un coup pour oui, de deux coups pour non. Comme la table ne sait pas toujours à qui répondre ni sur quel pied danser, on choisit la personne la plus apte à servir d'intermédiaire, de *médium,* entre l'assistance et l'esprit. Le nombre de coups frappés sert à former un alphabet conventionnel, semblable à celui du télégraphe Morse, avec lequel on compose aisément des mots et des phrases. La table frappante est jugée bientôt trop lente, on la fait écrire sur du papier avec un crayon adapté à son pied. Les caractères étant peu lisibles, on remplace le guéridon par une planchette munie d'un crayon. Puis on trouve plus simple encore de confier au médium la fonction de secrétaire de l'esprit : sa main, entraînée par une impulsion dont il ne se rend pas compte, écrit, sans le concours de sa pensée et de sa volonté, des choses qu'il ignore lui-même, et qu'il est surpris de vérifier ensuite à la lecture. Il prête encore à l'esprit l'organe de sa parole en répondant de vive voix aux questions posées par l'assistance. On prétend même qu'un médium, hanté de trois esprits à la fois, parle, écrit de la main droite et de la main gauche simultanément, pour traduire les oracles distincts de chaque esprit.

Une fois admise l'hypothèse des esprits venant animer les tables et converser familièrement avec les habitants de notre globe sublunaire, on ne pouvait s'arrêter en si beau chemin. On vit bientôt les objets les plus divers, des chapeaux, des assiettes, des corbeilles, etc., se mouvoir sans contact ; des crayons écrire tout seuls ; des papiers et des ardoises, fermés dans des boîtes scellées. se couvrir d'écriture ; des pieds, des mains, des têtes, des corps entiers apparaître dans l'obscurité, les esprits se matérialiser au point de pouvoir être photographiés et moulés... Arrêtons-nous-en là.

Le docteur Grasset, dans son ouvrage : *L'Occultisme hier et aujourd'hui,* distingue avec raison, dans le spiritisme, les *faits* qu'on lui attribue des *théories* imaginées pour les expliquer. Puis, s'occupant exclusivement des faits, il prétend en désocculter le plus grand nombre, c'est-à-dire les expliquer scientifiquement, et il juge que les phénomènes les plus extraordinaires, tels la lévitation (station en l'air des personnes et des choses), la photographie et le moulage des fantômes, ne sont pas expérimentalement constatés.

L'attente d'un mouvement pousse les personnes entourant une table à produire inconsciemment le geste qui en provoque la rotation et le soulèvement. Pour neutraliser cette impulsion des muscles, il suffit de saupoudrer le guéridon de poudre de talc qui empêche l'adhérence des mains, ou de le border de feuilles lisses de mica sur lesquelles glissent les doigts.

Les raps, coups frappés sans cause apparente, les apparitions d'objets lumineux, de spectres, de fantômes, etc., ne se produisent que dans l'ombre favorable au mystère, redoutent l'épreuve du grand jour et de la lumière, offrent peu de garanties, peuvent s'obtenir avec de l'huile phosphorée, laissent soupçonner l'illusion, le truquage et la supercherie : plus on cherche à les contrôler et plus on doute de leur réalité. Quand cette réalité paraît confirmée par les photographies et les moulages, il suffit d'éclairer subitement la salle et d'empoigner vivement les fantômes pour les faire évanouir, pour constater que c'étaient des mannequins manœuvrés par le médium, quand ce n'était pas le médium lui-même.

Les voix des esprits ne seraient que le fait de ventriloques habiles...

Plusieurs des phénomènes du spiritisme paraissent s'identifier avec ceux du magnétisme, de l'hypnotisme, du somnambulisme extra lucide à l'état de veille, dont les *transes* du médium, au moment où il est envahi par l'esprit — ou par l'hypnose — sont une manifestation caractéristique. Les réponses de l'esprit ne seraient alors que le résultat d'autosuggestions, ou de suggestions étrangères, et l'apparition des fantômes qu'une hallucination contagieuse.

On a imaginé aussi l'hypothèse trinaire, *tria sunt omnia,* opposé au dualisme, *omnia duplicia.* Tandis que le spiritualisme n'admet que deux principes, spirituel et matériel, irréductibles l'un à l'autre, le spiritisme suppose l'existence en l'homme de trois principes : le corps matériel, l'esprit immatériel, et le *périsprit,* intermédiaire entre le corps et l'esprit, participant de l'un et de l'autre, les unissant pendant la vie, et suivant l'âme après la mort, Le périsprit, appelé aussi *corps astral,* parce qu'il serait formé de la substance interplanétaire, ou astrale, rayonnerait autour de l'individu, l'enveloppant d'une sorte d'atmosphère invisible, *aura australis,* susceptible de s'extérioriser en couches concentriques au corps ; de se condenser au point de se matérialiser, d'impressionner les yeux, les plaques photographiques ; d'émettre des effluves, des radiations, des vibrations sensibles au biomètre, au galvanomètre, et autres appareils enregistreurs ; de se propager au loin dans l'espace, comme la lumière, la chaleur, l'électricité, le son, les ondes hertziennes de la télégraphie sans fil, et d'aller éveiller dans l'enveloppe astrale d'un sensitif des impressions télépathiques. Mais on n'a pas encore pu jusqu'ici distinguer ces prétendues ondes psychiques de la radioactivité chimique, calorique, électrique, et éliminer ainsi les causes d'erreur...

En faisant une large part à la supercherie, à la mystification, aux causes naturelles, il reste encore des phénomènes nombreux, indéniables, étranges, caractéristiques, qu'on peut attribuer, avec les spirites, aux esprits, aux âmes désincarnées des morts, se réincarnant momentanément, à l'appel des médiums, pour apparaître aux vivants et converser avec eux.

Il ne répugne ni à la raison ni à la foi que Dieu autorise les anges et les démons, les âmes des élus et des réprouvés à entrer en relation avec les hommes. Nous savons que, de fait, Dieu envoie quelquefois ses anges et ses saints du ciel sur la terre pour y porter ses messages. Nous savons aussi qu'il n'a pas permis au mauvais riche de quitter un instant l'enfer pour aller à Jérusalem avertir ses frères en voie de perdition, parce que, si ceux-ci ne croient pas en Moïse et aux prophètes, aux révélations divines, ils ne croiront pas davantage à un mort revenant de l'autre monde (Luc, XVI, 18). Du reste, si Dieu le permettait aujourd'hui, ce ne serait pas pour satisfaire une vaine curiosité, mais pour favoriser la conversion et le salut des pécheurs.

Nous savons enfin que parfois « Satan se transforme en ange de lumière » (II Cor., XI, 14), ce qui doit nous rendre extrêmement prudents et nous faire recourir aux règles du « discernement des esprits » que l'Eglise possède et nous donne. « Ne croyez pas à tout esprit, dit saint Jean, mais éprouvez si les esprits sont de Dieu, car beaucoup de faux prophètes courent le monde. Voici à quoi vous reconnaîtrez l'esprit de Dieu : tout esprit qui confesse Jésus-Christ venu en chair est de Dieu, et tout esprit qui ne confesse pas ce Jésus n'est pas de Dieu ; c'est celui de l'antéchrist. » (Joa., IV, 1-3.) Les bons anges, outre qu'ils n'ont pas l'omniscience de Dieu, ne consentiraient certainement pas à trahir les secrets qu'ils tiennent de lui, ni à se faire les complices des devins que Dieu a si catégoriquement condamnés.

Les esprits évoqués par les médiums ne peuvent donc être que des démons, ou des âmes de damnés dont la situation et le rôle sont identiques. Incomparablement moins capables que les anges et les saints de pénétrer les secrets de la science infinie ; réduits à des conjectures, habiles mais trompeuses, sur les faits libres et contingents qui ne se voient pas nécessairement dans leurs causes ; poussés par haine de Dieu, par jalousie des hommes, par désespoir surtout, à tromper et à nuire, les démons et les damnés ne peuvent inspirer aucune confiance à ceux qui les consultent et les écoutent. Nos modernes nécromans ont beau dire que les esprits se présentent parfois spontanément, qu'on peut bien les écouter puisque Dieu les laisse parler, qu'on a le droit et presque le devoir de recueillir la vérité d'où qu'elle vienne et partout où on la trouve, qu'au surplus il suffit, pour ne point pécher, de l'intention arrêtée d'avance de n'accepter aucune erreur et de ne consentir à aucun désordre, — il n'en reste pas moins vrai que si Dieu permet leurs apparitions et leurs divinations, ce n'est pas pour notre instruction, c'est pour notre épreuve ; que le démon, menteur dès l'origine, est le père du mensonge, indigne de notre foi ; qu'il n'est plus dans l'ordre et qu'entrer en communication avec lui, c'est sortir de l'ordre ; que se commettre en sa compagnie, c'est s'exclure de la société de Dieu. La science qu'il nous offre en appât est si suspecte, si méprisable en comparaison de celle que Dieu met si abondamment et si sûrement à notre disposition par l'enseignement de l'Eglise, que nous serions inexcusables d'accepter les avances flatteuses qu'il nous fait pour lier partie et entrer en pourparlers avec lui.

La vertu de religion nous interdit de nous fourvoyer dans les milieux spirites où le culte de Dieu est profané et où l'honneur du chrétien court tant de dangers. L'Eglise, de son côté, nous défend d'employer leurs procédés intentionnellement destinés à produire des effets préternaturels. « Ne vous attachez pas à un même joug avec les infidèles. Quelle société peut-il y avoir entre la justice et l'iniquité, ou qu'a de commun la lumière avec les ténèbres ? Quel accord peut-il y avoir entre le Christ et Bélial, ou quelle part a le fidèle avec l'infidèle ? Sortez donc de leur société, séparez-vous-en, ne touchez pas ce qui est impur, et je vous accueillerai. Je serai pour vous un père et vous serez pour moi des enfants, dit le Seigneur tout-puissant. » (II Cor., VI, 14-18.)

VII

Divination pratique, tendant à produire des effets extraordinaires. Vaine observance et magie.

La divination ne se contente pas de la connaissance, elle vise à l'action, ou plutôt elle ne veut savoir que pour agir. L'homme ne prétend pas seulement acquérir, sans le secours de la raison et de la révélation, la *connaissance spéculative* de choses occultes, il prétend aussi tirer, de procédés superstitieux, des *connaissances pratiques,* des résultats, des moyens de faire du bien ou du mal. Quand, en outre d'un supplément de science, elle cherche un surcroît de puissance et d'activité, la divination prend le nom de *vaine observance* ou de *magie :* de magie, si l'on provoque l'action par des formules ou des rites intentionnels ; de vaine observance, si l'on se borne à l'attendre passivement de phénomènes spontanés.

En Orient, on appelait *mages* ceux qui possédaient une science supérieure à celle de leur milieu, et *magie* l'art d'utiliser cette science au profit ou aux dépens du vulgaire.

Les païens croyaient que les astres, les éléments, les plantes, les animaux, tous les êtres, étaient animés ou gouvernés par des esprits bons ou mauvais, auxquels ils attribuaient tous les phénomènes de la nature, tous les événements de la société. Ils étaient portés par là même à croire que les mages devaient être en relation avec les esprits, en connaître les secrets, en partager la puissance ; qu'ils pouvaient attirer leurs faveurs en captant leurs bonnes grâces et leur bienveillance, et détourner les fléaux et les malheurs en conjurant leur colère et leur malveillance. Les philosophes païens étaient sur ce point aussi superstitieux que le vulgaire.

Les mages, de leur côté, durent entretenir le peuple dans cette crédulité, et, savants, se faire passer pour *magiciens,* capables de produire des effets *magiques,* merveilleux. Au fait, les prestiges que l'histoire, tant sacrée que profane, attribue aux magiciens de l'Egypte, de la Chaldée, de la Perse, de la Grèce, donnent à penser qu'ils avaient, en physique et en chimie, en astrologie et en météorologie, en physiologie et en médecine, une science très en avance sur celle de leur temps, et qu'ils savaient en tirer admirablement parti pour « épater » leurs contemporains. Ils en arrivèrent même à prétendre commercer réellement avec les esprits, participer à leur science et à leur puissance, agir sur eux par des « charmes », *per carmina*; les attirer par des « incantations », des « enchantements », des sons de musique vocale ou instrumentale, les contraindre même par certains rites à leur obéir.

Quand la magie avait recours à de bons génies et s'exerçait d'une manière bienfaisante pour obtenir des faveurs ou conjurer des malheurs, elle prenait le nom de *theurgie*; quand elle faisait appel à de mauvais génies et s'exerçait de façon malfaisante, elle prenait le nom de *goétie*. Les démonologues de la Renaissance y ont substitué les noms de *magie blanche* et de *magie noire*.

A l'exemple de Moïse qui avait proscrit du peuple de Dieu les pratiques magiques des païens ses voisins, l'Eglise interdit sévèrement toute espèce de magie; mais ni l'un ni l'autre ne purent l'empêcher de s'infiltrer et de se propager chez les juifs talmudistes et cabalistes, chez les sorciers du Moyen Age et de la Renaissance, chez les « égyptiens », les « bohémiens », les « tziganes », les magnétiseurs, les hypnotiseurs et et les spirites de nos jours.

La *magie blanche*, ou naturelle, est l'art de produire par des moyens naturels, mais inconnus au vulgaire, des effets « magiques », surprenants. Nous avons déjà remarqué la propension du vulgaire à attribuer à des causes surnaturelles les effets dont il ne peut se rendre compte. La science offre sous ce rapport plus de ressources aux prestidigitateurs et aux charlatans d'aujourd'hui qu'aux mages de l'antiquité et aux magiciens du moyen âge. La magie blanche n'a rien de superstitieux ni de diabolique : elle est simplement un artifice, une jonglerie, une farce, une mystification, un jeu innocent.

La *magie noire*, ou magie proprement dite, est celle qui se réclame du démon pour produire des effets surhumains. Comme il y a des thaumaturges qui reçoivent de Dieu le pouvoir de faire des miracles, il y aurait des magiciens qui recevraient du démon le pouvoir d'opérer des prodiges. Pour cela, ils se donneraient corps et âme au démon, par un acte exprès ou tacite, et en obtiendraient en retour science et puissance, richesses, honneurs et plaisirs. Le pacte est explicite et formel quand on invoque le démon par des appels ou des rites consacrés ; il est implicite et tacite quand on pose un acte dont on attend un effet qui ne pourrait se produire sans l'intervention du démon.

La magie noire est goétique, c'est-à-dire malfaisante. Elle a pour but de nuire aux autres dans leur personne ou dans leurs biens, et se confond avec la sorcellerie qui a la prétention de « jeter des sorts », des *sortilèges*, des maléfices, des malheurs sur les personnes ; de les *ensorceler* pour les faire tomber dans la pauvreté ou la maladie ; de frapper les époux d'impuissance ou de stérilité ; de « nouer » les enfants pour les empêcher de grandir ; de nuire aux fruits de la terre en les faisant avorter ; au bétail, en tarissant le lait des vaches, ou en le faisant tourner, ou en enlevant le beurre du lait ; de « fasciner » les hommes et les animaux pour les attirer irrésistiblement par le regard et les entraîner dans des pièges ; d'inspirer aux personnes des passions criminelles d'amour ou de haine par des *philtres ;* de leur causer le mal qu'on veut en simulant ce mal sur leur image par l'*envoûtement*. On sait que Robert, comte d'Artois, avait fait faire l'image en cire du roi Philippe le Bel et l'avait baptisée, avec la persuasion qu'en perçant au cœur cette figure, il causerait une blessure mortelle à celui qu'elle représentait.

A côté des magiciens ou sorciers anciens et modernes, il y a les naïfs et crédules chercheurs de secours préternaturels qui, sans vouloir rien dire ni faire de positivement superstitieux, de méchant surtout et de nuisible, regardent cependant certains phénomènes naturels comme fastes ou néfastes, portant bonheur ou portant malheur.

Ils croient avoir *observé* l'efficacité de caractères

bizarres, cabalistiques, de mots absurdes (comme l'*abraxas* des gnostiques dont on a retrouvé des spécimens à Lyon), pour se concilier la chance ; de formules étranges de prières, ou de la répétition d'une prière un nombre déterminé de fois, pour obtenir une grâce singulière ; de certains versets bibliques, de certaines reliques plus ou moins authentiques, portés dans des sachets ou phylactères, en guise d'amulettes ou de talismans, pour prévenir les dangers et les accidents ; d'un nombre déterminé de croix ou de signes de croix faits de la main gauche ou avec le pied pour guérir les entorses ; des pointes de corail ou des dents d'animaux pour retourner contre les gens à « mauvais œil » la funeste influence de leur regard, etc. Ils ne veulent ni agir, ni laisser agir ceux qui dépendent d'eux, le vendredi de la semaine, le treizième jour du mois, à tel quartier de la lune, après avoir renversé la salière, entendu tel bruit insolite ; entreprendre une affaire ou un voyage s'ils se heurtent au seuil de leur porte, s'ils rencontrent une pie sur leur chemin, s'ils entendent une corneille croasser à leur gauche. On croit aussi avoir *observé* que telle plante, cueillie par tel enfant ou telle jeune fille à telle heure de la nuit, à tel quartier de la lune, a une vertu spécifique. Quoi encore ?... Que l'araignée du matin présage chagrin ; l'araignée de midi, profit ; l'araignée du soir, espoir...

Ces *observations* ou *observances* sont *vaines* assurément, mais ne paraissent pas être impies ; elles méritent d'être tournées en ridicule plutôt que réfutées sérieusement, car il y a dans leur cas plus d'ignorance et de sottise que de malice. Si l'on demande aux pauvres gens qui se livrent à ces observances quelle signification ils y attachent, ils ne savent que répondre sauf que « l'on dit cela, on l'a toujours dit ». Ils ne soupçonnent guère que le démon puisse intervenir pour satisfaire leur curiosité et tromper leur confiance ; ils s'effraient seulement ou se réjouissent d'un je ne sais quoi dont l'antiquité païenne faisait le *destin*, le moyen âge des « lutins », des « diablotins », les spirites actuels des « esprits de bonne ou de mauvaise compagnie ».

Ne confondons pas avec la vaine observance ou la

magie, l'aptitude de certains individus, sains de corps et d'esprit, à communiquer leur bonne humeur aux mélancoliques, comme les neurasthéniques contagionnent leur entourage ; le *don* naturel ou acquis que possèdent certains « empiriques » de traiter et de guérir des maladies spéciales, de réduire une entorse, une luxation, une fracture, de remettre en place les membres disloqués, tels les rebouteurs, les renoueurs, les rhabilleurs. Il n'est pas superstitieux non plus d'observer la lune et le temps pour tailler ou abattre les arbres, récolter les moissons et les vendanges, cueillir les fruits.

Nous savons d'autre part que des hommes peuvent mériter par leurs vertus, ou recevoir gratuitement de Dieu, la grâce de nous protéger contre les dangers et les accidents, comme saint Benoît et saint Christophe, de guérir certaines maladies spéciales comme saint Roch et sainte Lucie, etc. Mais la prudence chrétienne doit veiller à ne pas introduire des superstitions dans le culte des saints et de leurs reliques, à ne pas laisser les dévotions raisonnables et autorisées par l'Eglise dégénérer en vaines observances.

Si les meilleures formes de la religion sont exposées à de regrettables déviations, combien plus les étranges pratiques du magnétisme et de l'hynoptisme ! N'y a-t-il pas vaine observance à en attendre de prodigieux effets d'ordre moral et physique, la réforme du caractère, la correction des défauts, des mauvaises habitudes et des vices, la découverte de crimes et de trésors cachés ? Ce qui n'est malheureusement pas douteux, c'est que d'affreux sectaires en abusent pour corrompre la foi et les mœurs, satisfaire leur soif de lucre et de volupté, assouvir leur haine de Dieu et de l'Eglise.

Il est difficile de faire un départ exact de la supercherie et de la crédulité, de la démonomanie et du satanisme, dans les récits infâmes de sabbat et dans les faits étranges de sorcellerie. On ne peut pourtant pas nier en bloc tout ce que relatent à ce sujet les annales des sciences occultes. La révélation nous garantit l'existence des démons dont la déchéance n'a pas changé essentiellement la nature et le pouvoir. On ne peut nier non plus l'existence de pactes explicites ou implicites de l'homme avec le démon pour une action commune dont le but final est toujours l'offense à Dieu et la perdition des âmes. La révélation nous garantit aussi la réalité de bon nombre de faits où la méchanceté diabolique s'ajoute à la malice humaine pour produire d'abominables débauches et de cruels sévices (Cf. Luc, XI, 26 ; Act., VIII, 9-11). Ce n'est pas pour rien que Jésus-Christ a donné à ses Apôtres le pouvoir d'exorciser les possédés, de chasser les démons (Marc, XVI, 17) et que l'Eglise fixe à ses prêtres, dans son *Rituel*, les règles à suivre et les moyens à prendre pour exercer ce difficile ministère.

On ne peut douter ni trop se féliciter que les progrès de la foi et de la science aient fait disparaître une grande partie des désordres de la sorcellerie d'autrefois ; mais on ne peut douter non plus ni déplorer assez qu'ils renaissent aujourd'hui, sous les apparences scientifiques du magnétisme, de l'hynoptisme et du spiritisme, parmi nos contemporains, d'autant plus curieux et avides des ténébreux mystères de l'occultisme qu'ils ferment volontairement les yeux aux lumineux mystères du christianisme Espérons que la science aussi bien que la foi finiront par en avoir complètement raison.

VII

Visions et hallucinations.

L'homme a été créé dans un état d'intégrité et de rectitude parfaites : le corps soumis à l'âme, les facultés sensibles inférieures soumises aux facultés spirituelles supérieures, la raison humaine soumise à la raison divine. Tant que la raison resta sous la maîtrise de la foi, l'imagination et la sensibilité restèrent sous la maîtrise de la raison, les instincts du corps sous la maîtrise de l'âme, et l'homme, à l'abri des dangers, vit la vérité et fit le bien. Dès que, par le péché originel, la raison humaine s'émancipa de la raison divine, l'imagination et la sensibilité s'émancipèrent de la raison, les instincts physiques, aveugles et fatals, de la direction éclairée et libre de l'âme, et l'homme tomba dans l'erreur et le mal. Son besoin de savoir et de croire survit à la déchéance. S'il se laisse guider par la raison et par la foi, il arrive encore à la vérité; mais s'il s'appuie sur l'une à l'exclusion de l'autre, il risque de s'égarer : la foi sans la raison pouvant l'entraîner à la superstition, et la raison sans la foi aboutir à l'orgueil qui est un mensonge et la source de toutes les erreurs

L'affaiblissement de la connaissance de Dieu et de soi-même engendre et développe le désir de l'inconnu. L'imagination, folle du logis, cherche à briser les liens qui l'enchaînent à la raison; et la raison, privée des lumières de la foi et devenue incertaine, lâche la bride à l'imagination qui se précipite dans les paradoxes, les rêves, les chimères. Ces erreurs persistent jusqu'à ce que la raison et la foi, reprenant leurs droits, font rentrer l'imagination dans ses limites. Elle franchit surtout les bornes de la réalité dans l'*hallucination* sur laquelle il est à propos de revenir pour distinguer ce qu'elle a de bon et de mauvais, d'utile et de dangereux.

Quand un objet extérieur frappe les yeux, les nerfs optiques en transmettent aussitôt l'impression — l'image imprimée sur la rétine — au cerveau, où l'âme en prend conscience sous forme de sensation, d'idée sensible, en attendant d'en faire une idée pure, spirituelle, par l'abstraction et la généralisation. Il en est de même des sons qui frappent les oreilles et de tout autre objet qui frappe tout autre sens. Les idées spirituelles, elles-mêmes, ne s'éveillent dans l'esprit que sous l'excitation du monde extérieur, à l'occasion des sensations, ou par l'intermédiaire du langage. Aussi, ne pouvons-nous les concevoir sans leur prêter une forme sensible, ou du moins, sans les associer au mot qui les exprime, aux personnes et aux choses auxquelles elles sont attachées; en associant la bonté, par exemple, aux personnes et aux choses bonnes. Pouvons-nous penser à Dieu, aux anges, qui sont de purs esprits, sans nous les représenter sous une image sensible, avec un corps ? Nous comprenons bien que ce mode de représentation mentale est défectueux, faux même, mais nous ne saurions nous en passer. Notre esprit, substantiellement uni à un corps, a besoin de signes sensibles pour saisir les choses inaccessibles aux sens. Au reste, ce procédé, purement artificiel, n'altère en rien notre conception des choses spirituelles, pourvu que nous ne soyons pas dupes de l'artifice.

Nous avons dit que l'objet extérieur, après avoir frappé les yeux et y avoir imprimé son image, ébranle les nerfs optiques qui transmettent cette image au cerveau où elle se conserve. Le cerveau, à son tour, peut renvoyer cette image aux sens qui la projettent au dehors. Le mouvement qui s'est fait du dehors au dedans se refait alors du dedans au dehors, et les impressions des sens se trouvent reproduites, sans concours d'objet extérieur, avec toutes les apparences de la réalité.

Il n'est personne qui n'ait répété maintes et maintes fois l'expérience d'évoquer en son esprit la pensée d'une personne, d'un paysage, d'un monument, etc., et n'en ait fait apparaître l'image plus ou moins nette ou floue, d'abord, puis, grâce à l'exercice et à l'habitude, avec la vivacité de la première sensation, avec la saisissante réalité de l'original. Qui ne revoit, dans les moindres détails et avec une ressemblance vivante, le visage, les traits, l'attitude, la démarche de sa mère défunte ? Quel exilé ne revoit la patrie absente, son pays natal, sa maison paternelle, surtout, et son clocher ? Qui a vu le Cervin une fois et ne le revoit pas toujours ? ..

Cette représentation mentale est visible pour nous, que nos yeux soient ouverts ou fermés. L'image se présente dès que nous l'appelons, quelquefois spontanément; elle nous apparaît extérieure et antérieure, dans la direction de nos yeux, encadrée dans le lieu précis de l'espace où l'objet est situé. Nous voyons notre mère assise dans son fauteuil, notre clocher au milieu des maisons et des collines qui l'entourent : c'est la magie de l'imagination.

Lorsqu'un objet matériel se trouve devant nous, nous avons conscience d'une représentation mentale dans laquelle l'objet nous apparaît actuellement et réellement existant hors de nous : c'est la perception externe ou sensation. Si nous fermons les yeux, l'objet et son image disparaissent ordinairement; mais nous pouvons, par un acte de volonté, en reproduire la représentation : c'est la sensation réflexe ou imagination. Si, imaginant un objet absent, nous croyons à son existence extérieure et réelle, au point d'en être dupes : c'est l'hallucination.

Chacun peut faire naître à son gré des hallucinations. Qu'on fixe un instant le soleil, ou son image dans un miroir, et qu'on tourne ensuite les yeux dans l'obscurité, on y verra le spectre solaire s'y reproduire avec autant d'intensité que le soleil lui-même. Qu'après avoir fixé une croisée très éclairée, on regarde une muraille, on verra s'y dessiner l'image de la croisée avec ses carreaux et barreaux. Il suffit aux artistes doués d'observation, peintres et sculpteurs, de concentrer leur attention sur une personne ou un paysage, pour les reproduire ensuite sur la toile ou dans la glaise avec la plus grande fidélité, tant l'image en est restée profondément gravée dans leur mémoire imaginative. Si l'on pense à la sensation que produirait la lame d'un canif en entrant dans la chair, on ressent la douleur de la coupure, avec le sang en moins. Que nous soyons frappés par hasard d'un air mélodique, et nous l'entendons résonner de temps à autre à nos oreilles.

A l'état normal, l'hallucination est reconnue pour un jeu de l'imagination, et elle n'introduit aucun trouble dans la raison et la conduite. Dans l'état pathologique, au contraire, l'image subjective est prise pour une réalité objective, et l'halluciné pense et agit sous l'influence de son illusion.

Les hallucinations compatibles avec la raison ne font que ressusciter les idées habituelles de l'individu, la réminiscence des sensations déposées dans le cerveau, combinées par l'association des idées et des images pour en tirer une création nouvelle. Loin de causer du désordre dans les pensées et dans les actes, elles servent aux poètes et aux artistes à imaginer l'idéal et à le réaliser, aux mathématiciens et aux physiciens à construire leurs hypothèses et à résoudre leurs problèmes, aux héros et aux saints à concevoir la perfection et à y tendre.

Les hallucinations dont on se laisse obséder et duper pour tout de bon et pour longtemps, dont on ne peut rompre le charme et s'évader, dont on fait la règle de ses jugements et de sa conduite, auxquelles on obéit en esclave, entraînent à toutes les extravagances et acheminent à la folie. C'est le cas des illuminés, visionnaires, devins et spirites de tous les temps, victimes de leur imagination en délire et de ses sortilèges, qui se repaissent de chimères, donnent un corps à leurs fantômes, se persuadent de la réalité du monde fantastique créé par la folle du logis, et veulent ensuite en persuader les autres, leur faire prendre les vessies pour des lanternes, les moulins à vent pour des géants. Que le démon vienne à la rescousse et les hallucinations tournent en superstitions.

Les *apparitions*, les *visions*, les *voix* des prophètes et des thaumaturges ne sont pas des hallucinations, puisqu'elles se réalisent par l'intervention de Dieu, des anges et des saints. Dieu peut, en effet, par lui-même, ou par les causes secondes qu'il gouverne, opérer les phénomènes intérieurs et extérieurs nécessaires à une apparition objective et à une vision ou à une audition subjectives, et les coordonner si bien avec le fonctionnement régulier des forces physiques que l'ordre du monde n'en soit aucunement troublé.

Nos Livres Saints mentionnent de nombreuses apparitions surnaturelles, depuis celles que Jéhovah faisait à Adam et à Ève dans le paradis terrestre jusqu'à celle que Notre-Seigneur Jésus-Christ fera à la fin du monde pour présider les grandes assises du jugement dernier. Dieu, les anges et les âmes des saints, êtres spirituels, ne peuvent entrer en contact direct et physique avec nous que par l'intermédiaire d'un corps, qui leur sert de cause instrumentale, et par lequel ils nous manifestent leur présence, leurs pensées et leurs volontés.

Il semble bien que, pour converser avec nos premiers parents, Dieu ait revêtu accidentellement une forme visible, qui le rendait semblable à eux. D'autre part, Dieu disait à Aaron : « C'est en vision que je me révèle aux prophètes et en songe que je leur parle. Quant à mon serviteur Moïse, je lui parle bouche à bouche, je me montre à visage découvert et non par énigme. » (Num., XII, 6-8.) Et cependant, quand Moïse demande au Seigneur de lui montrer son visage et sa gloire, Jéhovah lui répond : « Je ferai passer devant toi ma bonté, mais tu ne verras pas ma face, car l'homme ne peut me voir et vivre. » (Exod., XXXIII, 18-23.) Et Moïse disait aux Israélites : « Quand Dieu vous parlait sur l'Horeb, vous entendiez le son de sa voix, mais vous ne voyiez pas son visage, qu'il vous dérobait dans la crainte que vous n'en reproduisissiez l'image pour l'adorer ensuite comme une idole. » (Deut., IV, 12-20.) Il est donc plus probable qu'avant l'Incarnation Dieu ne se manifestait aux hommes que par son action, par les effets extraordinaires de sa puissance, et que, s'il a parlé à Moïse dans le buisson ardent, à Samuel dans le Temple, par des paroles qui frappaient leurs oreilles, il se fait entendre ordinairement par des inspirations secrètes qui touchent le cœur. *Intus loquitur sine strepitu verborum,* comme dit l'Auteur de l'*Imitation*.

Les anges et les saints apparaissent aux hommes sous une forme humaine. C'est ainsi que l'archange Gabriel apparut à Daniel, qui était éveillé et en prière, pour lui révéler les soixante-dix semaines d'années à courir entre la reconstruction du Temple et la mort du Christ ; et que, vers le milieu de la soixante-cinquième semaine, il apparut à la Vierge Marie pour lui révéler les desseins de Dieu à son égard.

Le livre des révélations divines a été scellé par Jésus-Christ. Les apparitions, visions et voix surnaturelles qui ont pu se produire depuis ne font pas partie du dépôt de la foi. L'Eglise y attache, en général, peu d'importance, en laisse passer le plus grand nombre, en condamne quelques-unes, en approuve un très petit nombre (1). Quand elle les admet après un long, minutieux et prudent examen, il y aurait impertinence de notre part à ne pas les accepter après elle, et témérité à les nier. Mais encore un coup, l'Eglise ne les impose pas à notre foi, et nous laisse la

(1) Par exemple, l'apparition de saint Michel sur le mont Gargano en Italie (fête 8 mai), celles de Marie immaculée à Sœur Labore, fille de la Charité à Paris, et à Bernadette à Lourdes, etc.

liberté de les critiquer respectueusement sans sortir pour cela des limites de l'orthodoxie (1).

Mettons donc notre imagination à l'abri des extravagances et des superstitions, sous le contrôle et la protection de la raison et de la foi, et rapportons-nous-en à l'Eglise qui a reçu de Dieu mission de nous éclairer et de nous conduire dans le droit et étroit sentier de la vérité et de la vertu : c'est l'unique moyen que nous ayons de ne pas nous égarer et nous perdre.

VIII

La divination du Bienheureux Curé d'Ars.

Une femme se rendait en pèlerinage à Ars. En route, elle s'arrêta chez un sorcier pour le consulter sur une maladie. Elle en reçut une bouteille de drogue qu'elle cacha dans un buisson avant d'entrer à Ars. Admise auprès de M. Vianney, elle lui exposa l'objet de sa requête. « Mais vous ne me parlez point de la bouteille que vous avez laissée dans le buisson? » lui dit-il. Se voyant découverte, la pauvre femme avoua sa faute. Alors le bon curé lui représenta que la religion condamne toute superstition, et lui fit promettre de ne plus remettre les pieds chez le sorcier.

Il ne manque pas de gens pour prétendre mettre toutes les chances de leur côté en s'adressant à la fois au diable et au bon Dieu. Telle la Normande qui, après avoir invoqué saint Michel, apercevant le dragon sous les pieds de l'ange, murmurait : « Et toi, grosse sarpente, ne pourrais-tu pas m'obtenir aussi quelque chose?... »

Ce que nous voulons constater ici, ce sont les deux sortes de divination en présence : la divination supers-

(1) C'est ce qu'a fait M. le chanoine Ulysse Chevalier à propos de la *Translation de la Santa Casa de Nazareth à Lorette.* Nous faisons les vœux les plus sincères et les plus ardents pour que les fouilleurs d'archives en exhument le document décisif qui mettra fin aux débats en faveur de la tradition.

titieuse, dont l'efficacité, quand elle en a, ne saurait être attribuée qu'au démon; et la divination surnaturelle, attribut exclusif de Dieu qui en gratifie parfois ses amis.

De la divination du Bienheureux Vianney ses historiens citent des cas aussi nombreux qu'authentiques, dont nos compatriotes et nos contemporains ont été l'objet ou les témoins.

M. Vianney était naturellement doué de ce bon sens et de cet esprit d'observation qui caractérisent nos paysans chrétiens, à la forte race desquels il appartenait, et qui leur font porter des jugements si sûrs et si fins sur les personnes et les événements. D'autre part, ayant passé quarante ans de sa vie à confesser tous les jours, et de quinze à vingt heures par jour, des personnes de conditions les plus diverses, il avait dû y acquérir une connaissance exceptionnelle du cœur humain, et devenir un psychologue singulièrement plus averti que les philosophes de cabinet, repliés sur leur moi solitaire, ou n'exerçant leur observation que dans un cercle étroit de clients. A ces dons naturels et à ces qualités acquises, Dieu ajouta le don surnaturel d'intuition pour adapter le saint homme au ministère de charité spirituelle et corporelle qu'il lui avait départi. S'il y a eu des cas où le curé d'Ars a pu être éclairé sur les sentiments de ses pénitents par leur attitude et leur physionomie, d'autres où sa connaissance approfondie du cœur humain lui a permis de conclure de ce qu'on lui avait dit déjà à ce qu'on ne lui avait pas dit encore, il y en eut certainement d'autres, de beaucoup les plus nombreux, où il n'était éclairé que des seules lumières divines.

La fausse divination ne cherche qu'à satisfaire une vaine curiosité, ne s'applique qu'à des choses vulgaires, futiles, ridicules; la divination surnaturelle du curé d'Ars, manifestation de sa sainteté, répondait toujours à une fin utile et n'a jamais eu d'autre objet que la gloire de Dieu et le salut des âmes. Ce n'est pas aux créatures qu'il demandait des lumières et des secours, c'est à Dieu. Pour deviner le caractère et l'avenir de ses clients, il ne tirait pas leur horoscope, ne palpait pas les bosses de leur crâne, n'examinait pas les lignes de leur main : il lisait à la fois et dans leur cœur et dans le cœur de Dieu. Pour leur faire prendre conscience de leur état d'âme, il ne provoquait pas, par les manœuvres du magnétisme, l'hyperesthésie de leurs sens et l'exaltation de leurs facultés : il le leur faisait voir à la lumière de Dieu, et il en obtenait un changement de vie, des sacrifices, des actes héroïques, plus merveilleux que tous les prestiges de l'occultisme. L'esprit qui le hantait n'était pas de ceux qu'évoquent la nécromancie et le spiritisme : c'était l'Esprit même de Dieu. Il était le *médium* du bon Dieu.

La *clairvoyance*, la pénétration des esprits et des cœurs, lui était habituelle (1). Quand, pour se rendre à son confessionnal, il traversait son église bondée de pèlerins, il n'était pas rare qu'il discernât dans la foule une personne qui avait un besoin plus urgent de son ministère, soit qu'elle n'eût pas le temps d'attendre, soit qu'elle fût plus digne d'intérêt. Il lui faisait signe d'entrer la première, et nul assistant, malgré son impatience, n'aurait osé protester contre cette préférence, la sachant bien motivée.

Il discernait aussi ceux qui avaient de la répugnance à se confesser et allait les prendre par la main pour les emmener à la sacristie. Un voltairien avait accompagné sa pieuse femme à Ars, avec l'intention de s'y divertir aux dépens de la sotte multitude qui se laissait prendre aux manèges de ce « vieux charlatan ». A peine est-il entré dans l'église, que M. Vianney sort de son confessionnal, va droit à lui, et, d'un geste impérieux, l'invite à le suivre à la sacristie. Surpris et embarrassé, l'incrédule obéit. Le confesseur lui fait signe de se mettre à genoux. « Je ne puis me confesser, je n'ai pas la foi. — A genoux ! » insiste le curé en le regardant dans les yeux. Sous ce regard de feu, le récalcitrant tombe à genoux. Alors, le saint, qui lisait à livre ouvert dans sa conscience, lui fait le récit de ses péchés, lui en rappelle toutes les circonstances, lui en précise les

(1) Nous empruntons la plupart des faits dont nous nous servons pour appuyer notre thèse à l'excellente biographie que M. Joseph *Vianney* a consacrée à son saint parent dans la collection « Les Saints », publiée sous la direction de M. Joly, de l'Institut, à la librairie Gabalda. Prix : 2 fr.

moindres détails, le force à convenir que tout cela est bien vrai. Le pécheur aux abois s'humilie et demande pardon. « Allez et ne péchez plus, lui dit le curé ; tenez-vous prêt, car le bon Dieu vous appellera prochainement à lui. » Deux ans plus tard le converti tombait foudroyé par une attaque d'apoplexie, sur le quai de Bercy, à Paris.

Plus d'un pénitent, après avoir achevé ses aveux, s'entendit dire : « Pourquoi n'avez-vous pas accusé tel et tel péché ? » Les sceptiques qui voulaient mettre sa clairvoyance à l'épreuve étaient confondus. Un jeune homme qui affectait une grande contrition se vit congédié par ce mot sec : « Mon ami, je n'ai pas le temps de vous écouter. » Honteux d'avoir été deviné, il se représenta le lendemain, mais vraiment contrit cette fois, devant le Bienheureux qui l'accueillit en l'embrassant.

Un autre lui fit une confession fantaisiste. Le saint curé lui laissa débiter son roman, puis, prenant à son tour la parole : « Vous êtes, en effet, un grand pécheur, mais ce que vous avez fait n'est pas ce que vous m'avez dit : c'est ceci et cela. » Accablé de ces révélations, le mauvais plaisant répara sa faute. Les âmes pures étaient devinées comme les pécheresses ; mais, s'il ne leur refusait pas ses conseils, il ne jugeait pas toujours à propos d'entendre leurs confessions que tout autre prêtre pouvait aussi bien que lui recevoir.

La *vision à distance* du curé d'Ars a été maintes fois constatée. Un Lyonnais était venu à Ars en curieux. M. Vianney l'interpelle dans la foule : « Rentrez vite, votre maison brûle ! » C'était vrai. L'année suivante, le curieux revenait en pèlerin à Ars et s'y convertissait. Après avoir confessé une femme de la campagne, M. Vianney la renvoie en lui disant qu'il y avait un serpent dans sa maison. La paysanne se hâte de regagner son logis, en fouille tous les coins sans rien découvrir, a finalement l'idée de secouer sa paillasse qu'on avait étalée au soleil en son absence ; elle en vit sortir le serpent qu'avait vu le voyant.

Son *action à distance* s'exerçait sur les personnes qui, ne pouvant venir à lui, lui envoyaient des mandataires ou des lettres. Il les conseillait, les encourageait, les consolait, les convertissait ou les guérissait de loin; et, par une sorte de télépathie, elles éprouvaient dans leur âme ou dans leur corps des impressions qui ne leur laissaient aucun doute sur leur origine. Si les lettres qui réclamaient des prières et des grâces plutôt que des avis restaient sans réponse (où aurait-il trouvé le temps d'écrire ?) elles ne restaient pas du moins sans effet.

On consultait le curé d'Ars sur toutes sortes de choses, parfois même sur des intérêts purement matériels Faut-il vendre mes terres ? Dois-je prendre un associé, conclure cette affaire, accepter cette situation ? Il n'était pas de jour où on ne lui posât quelque question de ce genre. Il écoutait charitablement, lui qui ne mangeait que des pommes de terre, ces hommes préoccupés de leur fortune et de leur bien-être, et plus d'un emporta d'Ars une réponse qui le sauva de la ruine. Mais, le plus souvent, ce n'était pas pour la possession des biens de ce monde qu'on s'adressait à lui et qu'on sollicitait ses lumières : il y allait presque toujours du salut d'une âme, d'une paroisse, d'une communauté, plus spécialement d'une vocation à décider, d'une œuvre à fonder.

Il lui arrivait d'interrompre ses clients dans leurs explications prolixes et compliquées : « Je vois votre affaire », disait-il, et il leur donnait aussitôt la réponse topique qui supposait la connaissance détaillée et complète de leur situation. Quand il avait prononcé : « Voilà où Dieu vous appelle et vous veut », ceux qui cherchaient leur voie à tâtons voyaient, dans une radieuse clarté, toute leur destinée se dérouler devant eux. Il retenait parfois dans le monde ceux qui voulaient en sortir par impatience de l'obscur devoir quotidien, en leur disant qu'ils y auraient toujours plus de bien à faire qu'ils n'en feraient, et lançait au contraire vers la haute mer de la vie religieuse ceux qui hésitaient sur le rivage.

Bossan lui amena ses sœurs en 1852 pour le consulter sur leur vocation. Les deux aînées dirent leur intention d'entrer chez les Filles de la Charité. Le saint Curé les confirma dans leur pensée. La plus jeune songeait à se marier. Eclairé d'en haut, M. Vianney lui dit que Dieu la voulait à la Visitation.

Dans les innombrables projets dont on le faisait juge, il percevait aussitôt le mauvais et le bon. Rejetant ce qui était téméraire, amendant ce qui était maladroit, ajournant ce qui avait besoin de mûrir, il approuvait sans réserve les fondations conçues par un zèle éclairé, mettait les fondateurs en garde contre les déceptions inévitables des débuts, les faisait espérer contre toute espérance. Par contre, ceux qui passaient outre à ces conseils avaient toujours lieu de s'en repentir.

La divination du curé d'Ars s'est manifestée enfin par de nombreuses *prévisions* et *prédictions*. Il prédit à Bossan la réalisation du plan de la basilique dont notre grand artiste avait rêvé de couronner la colline de Fourvière sans espoir de le mettre jamais à exécution. « Après moi, lui dit-il un autre jour, vous construirez une église à sainte Philomène. » Nous rappelons ces deux prédictions, parce que nous en avons la réalisation sous les yeux ; mais le curé d'Ars en a fait bien d'autres et de plus importantes. Comme on ne prête qu'aux riches, observe son historien, on lui a même attribué plus d'une prophétie qu'il n'a jamais faite, au risque de compromettre sa mémoire.

Ses prédictions portaient d'ordinaire sur des faits personnels plutôt que sur des événements publics. Il annonça à diverses personnes leur fin prochaine ; et c'étaient, presque toujours, ou des pécheurs nouvellement convertis qui avaient besoin d'être prémunis contre les rechutes par la pensée d'une mort imminente, ou de saintes âmes dont l'attente des joies célestes devait redoubler le zèle. Il avertit d'autres personnes de la mort d'un de leurs proches. Il conseilla à d'autres d'attendre, pour entrer en religion, une date déterminée, et, à la date fixée par lui, les obstacles qui s'opposaient à leur vocation, se trouvèrent levés. Il prévit la création de tel ordre, la dispersion de tel autre.

Il prédit enfin sa propre mort avec une précision que ni son âge ni ses infirmités ne pouvaient lui donner. Recevant en cadeau un riche voile pour porter le Saint Sacrement : « Je ne m'en servirai qu'une fois », dit-il. Et ce fut vrai. En signant son dernier mandat de desservant : « Cet argent payera les frais de mon enterrement. » Mme Pauze, excellente chrétienne de Saint-

Etienne, lui exprimait le regret de ne pouvoir plus revenir à Ars de longtemps : « Si, ma fille, nous nous retrouverons dans trois semaines. » Trois semaines plus tard ils se retrouvèrent au ciel.

IX

Les maladies de la Conscience.

La conscience est l'application que chacun se fait à soi-même de la loi de Dieu. La loi de Dieu est simple et uniforme, absolue et universelle, sainte et irrépréhensible, *lex Domini immaculata* (Ps. XVIII, 8), et c'est précisément parce qu'elle est universelle qu'elle s'adapte à toutes les actions humaines. Mais les hommes sont multiples et divers, relatifs et changeants, imparfaits et faillibles; ils ne peuvent s'assimiler une loi *absolue* que d'une façon *relative*. La loi prend dans chaque esprit autant de formes différentes qu'il y a d'esprits différents.. *Quidquid recipitur ad modum recipientis recipitur*. Tous n'entendent pas de la même manière la loi appelée à les régir tous. Bien plus, du jour au lendemain et d'une heure à l'autre, il y a une autre façon pour le même individu de pratiquer la prudence, la justice, la force, la tempérance, la chasteté, la charité, etc. Il reste donc à concilier les exigences objectives de la loi universelle avec les exigences subjectives de chaque individu en particulier. C'est ce qu'on appelle se former la conscience. S'il est défendu d'agir contre sa conscience, il ne l'est pas moins d'agir selon une mauvaise conscience, et l'obligation de se former une bonne conscience est antérieure à celle de suivre sa conscience.

C'est le propre d'une conscience *normale* et *saine* d'appliquer exactement la loi de Dieu à tous les détails et dans toutes les circonstances, et d'établir ainsi, par l'intermédiaire d'une intelligence éclairée et d'une volonté loyale, l'harmonie entre la loi et l'individu, entre le droit et le fait; de sauvegarder l'autorité divine, sans sacrifier les légitimes libertés que Dieu a octroyées à l'homme. Mais il arrive trop souvent que, sous l'influence du péché originel et du milieu ambiant, de l'anarchie des idées et de la licence des mœurs, la conscience se déforme soit par excès soit par défaut, par rigueur ou par relâchement; se rétrécissant jusqu'à l'étouffement, ou s'élargissant jusqu'à la dissolution. La santé de la conscience est dans le juste milieu entre ces deux extrêmes d'une conscience étroite et d'une conscience relâchée, entre le scrupule et le laxisme.

Le scrupule est une hyperesthésie, c'est-à-dire une surexcitation maladive de la conscience, qui lui fait voir du mal où il n'y en a pas, une faute grave où il n'y a qu'une faute légère.

Il ne faut pas confondre une conscience *scrupuleuse* avec une conscience *timorée*, ni avec une conscience *délicate*.

La conscience *timorée*, comme son nom l'indique, *craint* le mal et jusqu'à l'apparence du mal, *ab omni specie mala abstinete vos* (I Thess., v, 22). Crainte salutaire qui est le commencement de la sagesse (Prov., I, 7), crainte filiale d'offenser Dieu parce qu'il est un bon père.

Un jour que Marie-Thérèse, femme de Louis XIV, se désolait d'une faute échappée à sa vigilance, les dames de la cour s'efforçaient de la rassurer en lui disant qu'elle n'était que vénielle. « Qu'importe, s'écria-t-elle, du moment qu'elle offense Dieu, elle est mortelle pour mon cœur! » Elle poussait la crainte du péché jusqu'au scrupule. Raisonnable et heureux scrupule qui fait éviter avec soin et regretter vivement tout ce qui peut déplaire à Dieu! Avertissement de la conscience de rentrer dans l'ordre ou d'avancer dans la voie de la perfection.

Les saints sont toujours portés à se croire plus coupables que les autres devant Dieu, et, par suite, à ne se relâcher jamais de leurs efforts vers le mieux. Ils pensent reculer s'ils n'avancent pas, n'avoir rien fait tant qu'il leur reste quelque chose à faire, *nil actum reputans si quid superesset agendum*. C'est un aiguillon que Dieu leur plante au cœur pour les exciter à plus d'abnégation et de dévouement. A mesure que la conscience discerne le bien et l'aime davantage, elle désire s'en rapprocher en s'éloignant du mal. La lumière intérieure augmente avec la bonne volonté qui se réalise, et alors on aperçoit plus clairement les occasions du bien à faire et du mal à éviter.

Une conscience *délicate* a un sentiment vif et habituel du mal que n'éprouve pas une conscience ordinaire, un souci de perfection qui la rend susceptible, difficile à contenter, plus offusquée de la moindre faute qu'un pécheur ne l'est d'une faute grossière, ce qui lui fait prendre de minutieuses précautions pour s'en défendre. Ce souci permanent a sa cause dans l'amour de Dieu qui poussse l'âme à agir toujours mieux, à faire de sa vie une œuvre d'art, un chef-d'œuvre aussi digne que possible de l'infinie perfection. Or l'amour bannit la crainte de la conscience ou du moins la fait passer au second plan de ses préoccupations, *perfecta caritas foris mittit timorem* (I Jo., IV, 18).

La crainte, au contraire, hante la conscience du *scrupuleux*, l'obsède, l'hypnotise, l'arrête dans ses décisions et dans ses actes. Il juge et se déjuge, il veut et ne veut pas, il hésite et ne sait que penser et que faire, il n'avance pas, il piétine sur place, si même il ne recule, ou du moins il tourne dans son doute comme dans un cercle vicieux, sans pouvoir en sortir.

Le scrupule est parfois une *maladie de l'intelligence*, la folie du doute. Le doute est un état d'équilibre instable où les représentations contradictoires se succèdent sans s'imposer ou se concilier. Associant faussement l'idée du châtiment à l'idée de tel péché, et l'idée de tel péché à telle action donnée, le scrupuleux est envahi par la crainte du péché et de son châtiment dès que la pensée de cette action lui revient à la mémoire. Cette peur l'aveugle, l'affole, l'empêche de distinguer la pensée de l'action, la sensation du consentement. Il doute d'avoir fait ce qu'il a pensé, d'être coupable de ce qui se passe en lui sans lui. Il s'interroge sans trêve et avec angoisse pour découvrir la vérité pratique sans pouvoir y parvenir.

Mais le scrupule est plus souvent une *maladie de la sensibilité* exacerbée. Ceux qui en souffrent sont, en général, des êtres impressionnables, à l'imagination ardente, aux nerfs fatigués, des neurasthéniques. Leur doute vient moins de l'esprit que de la volonté, d'une volonté affaiblie, incapable d'aboutir à l'action, paralysée. Ils relèvent du médecin du corps autant que du médecin de l'âme.

Quand une horloge est dérangée, on la règle sur l'heure normale, laquelle se règle elle-même sur le soleil. Quand la conscience est déréglée. elle a besoin aussi d'être dirigée par une conscience normale qui se règle elle-même sur la loi de Dieu. *Lex lux* (Prov., VI, 23). Ayant une conscience mal formée, le scrupuleux ne peut la suivre ; il n'a d'autre ressource que de se mettre entre les mains d'un sage directeur, et d'obéir aveuglément à ses directions.

Au yeux du scrupuleux tout est péché ; rien, ou presque rien, ne l'est aux yeux du *laxiste*. L'un et l'autre ont pourtant ceci de commun qu'ils s'appuient sur de vains motifs : le premier, pour voir du mal partout ; le second, pour n'en voir nulle part.

Si le scrupule est une hyperesthésie, une exaspération de la conscience, le laxisme en est l'anesthésie, l'affaiblissement. C'est une maladie chronique caractérisée par une insensibilité constante et anormale. Le scrupuleux, concentré en lui-même, ne sort pas de son doute ; le laxiste, vivant hors de lui-même, n'est jamais travaillé par le doute. Le scrupule anémie les forces vives de l'âme par excès de préoccupations, le laxisme par défaut de préoccupations : il aboutit à la dissolution de la conscience.

Cette maladie vient quelquefois de l'*intelligence*. Le laxiste ne se préoccupe pas d'apprendre à connaître la loi de Dieu ni de l'appliquer à sa conduite, ou bien il s'accommode de quelques formules vagues et passe outre à tout le reste, admettant la loi en gros sans s'inquiéter du détail. Il glisse à travers les difficultés et va de l'avant à l'aveuglette. Il s'habitue à regarder comme indifférent ce qui est mal, et comme léger ce qui est grave. Il se met à l'aise avec la loi qu'il interprète toujours dans le sens le plus favorable à sa liberté, à ses caprices, à ses intérêts et à ses passions.

C'est l'état le plus ordinaire des gens du monde qui, avec la foi, ont perdu la crainte de Dieu, et s'affranchissent de toutes les lois qui n'ont pas une sanction immédiate et extérieure. « Ni tuer, ni voler », voilà à quoi se réduit leur morale, et encore ne faudrait-il pas examiner de trop près leur conduite pour y rencontrer, sous des apparences correctes, l'assassinat et le vol. Sans aller toujours jusque-là, le relâchement où ils se complaisent les y achemine insensiblement. Voulant se sauver au moins de frais possible, ils ne font que ce qu'il faut pour ne pas se perdre : calcul dangereux, car à ne vouloir pas aller au delà du précepte on risque fort de rester en deçà. Un homme ignorant ses devoirs, les néglige, et sa négligence n'est pas plus excusable que son ignorance.

Cette ignorance, en effet, vient plutôt de la *mauvaise volonté* que de l'intelligence. On ne *veut* pas connaître la loi de Dieu de peur de se sentir obligé à l'observer, *noluit intelligere ut bene ageret* (Ps. XXXV, 4). Or, il faut pratiquer la vérité morale pour arriver à la bien connaître, a dit Jésus-Christ : *Qui facit veritatem venit ad lucem* (Jo., III, 21), parce que si l'idée incline à l'acte, l'acte, à son tour, fixe l'idée dans l'esprit et incline la volonté à répéter l'acte. Celui qui néglige d'agir conformément à la loi morale finit par perdre le sentiment du bien et du mal. Sa volonté, si peu amoureuse du devoir, s'étiole dans l'inaction. Alors, toutes les facultés tombent dans l'anarchie, chacune obéissant à la loi d'inertie : l'intelligence pour ne pas penser, la volonté pour ne pas agir, la sensibilité pour se livrer à la jouissance qui n'exige aucun effort. La conscience fait place à l'inconscience pure.

Une conscience normale et saine, si elle vient à faillir, reconnaît son péché, le blâme et le condamne. C'est l'intégrité de conscience qu'Augustin avait conservée jusqu'en ses égarements, qui l'a fait revenir à Dieu. Avec une conscience relâchée, au contraire, on devient incorrigible, inconvertible : on vit et on meurt dans son péché. On le commet hardiment, tranquillement, sans obstacle et sans remords. Or, la paix dans le péché est le plus grand de tous les maux, parce qu'il aboutit à l'impénitence finale et à la réprobation éternelle.

Au jugement particulier s'opérera le redressement

des consciences. Ces péchés, que la conscience relâchée traitait de bagatelles, lui paraissaient des monstres avant son relâchement. Cette conscience aveugle et indulgente jusqu'au relâchement pour elle-même, elle était pour autrui clairvoyante et sévère jusqu'au scrupule. Pourquoi ne disait-elle plus dans l'état de péché ce qu'elle disait dans l'état d'innocence ? Pourquoi jugeait-elle autrui autrement qu'elle-même ? Dieu confrontera ces deux consciences du même individu et condamnera l'une par l'autre : la conscience du libre penseur et du libre viveur par la conscience de l'enfant innocent et du premier communiant, la conscience du pharisien s'exerçant sur sa propre conduite avec la conscience du même pharisien s'exerçant sur la conduite d'autrui, *de ore tuo te judico, serve nequam* (Luc., XIX, 22).

Seigneur, projetez un rayon de votre lumière en notre conscience, de peur qu'elle ne s'endorme dans la mort, dans une fausse sécurité ; car alors elle se réveillerait en enfer, et le réveil serait terrible. *Illumina oculos meos ne unquam obdormiam in morte* (Ps. XII, 4).

X

Obsession et scrupule.

Personne n'ignore aujourd'hui que les maladies contagieuses sont causées par des animalcules microscopiques, les microbes, répandus partout dans la nature, qui se mettent à pulluler dans l'organisme quand ils y trouvent un terrain favorable à leur développement. Vivement frappé de ce fait, tel névropathe ne voit plus que des microbes ; il en voit dans l'air qu'il respire, dans l'eau dont il s'abreuve, dans les aliments dont il se nourrit, dans les personnes et les choses avec lesquelles il entre en contact. Il s'inquiète de s'être laissé contaminer dans le passé, il veille à ne pas s'en laisser infecter dans le présent, il se préoccupe de s'en préserver à l'avenir. Il a serré la main d'un tuberculeux et senti son haleine fétide : qui sait s'il n'y avait pas des microbes dans la sueur de sa main et dans l'air expiré de ses poumons ? Il est entré dans la chambre d'un varioleux : qui sait s'il n'y avait pas des pellicules de variole en suspension dans l'air ?...

Voilà l'obsession, *obsidere*, le siège de l'esprit par une idée fixe qui finit par l'envahir, s'y implanter et y prendre toute la place. Cette idée complexe est ordinairement raisonnable dans son principe. C'est, dans l'exemple cité, qu'il faut conserver sa santé et la défendre contre les dangers qui la menacent. Mais à ce principe raisonnable viennent s'ajouter des idées parasites qui ne le sont pas, des doutes sans fondement, futiles, absurdes, dont l'obsédé ne peut se débarrasser ni par ses propres réflexions, ni par le témoignage autorisé d'autrui. Il y a là une folie, mais une folie lucide. Le fou proprement dit n'a pas conscience de sa folie ; l'obsédé a conscience de la sienne, la combat ; mais sans pouvoir en triompher.

Un jour Pasteur — à qui nous devons la découverte des microbes et les remèdes préventifs ou curatifs de plusieurs d'entre eux — à table avec sa famille, lavait avec soin des raisins dans un verre d'eau, en expliquant qu'ils étaient couverts de milliers de microbes capables d'inoculer les maladies les plus variées et les plus graves. Il paraissait obsédé par cette idée fixe, — et il semble bien qu'il lui était permis plus qu'à personne d'en être obsédé — quand, interrompant tout à coup son opération, il avala d'un trait le verre d'eau dans lequel il venait de rincer les raisins.

Voilà comment l'homme normal brise l'obsession et s'en évade, en jugeant les doutes qui l'obsédent pour ce qu'ils sont, pour de simples doutes, en ne leur prêtant pas plus d'importance qu'ils n'en ont, et en ne leur permettant pas de mettre en échec son activité ni de gêner sa vie. L'obsédé, au contraire, en subit la hantise et s'en affole. Il veut être absolument sûr d'éviter tous les microbes et il multiplie les précautions pour cela. Pasteur trouve ces précautions ridicules, et les microbes s'en moquent aussi puisqu'ils passent à travers. Pour leur fermer tout passage, il faudrait ne toucher à rien, pas même aux écus d'or et aux billets de banque.

Nous les palpons quand même, avec la conviction que nous ne nous en trouverons pas plus mal.

Il y a une mesure sage de réflexions à faire pour arrêter une décision, comme une sage mesure de précautions à prendre pour éviter les microbes. Des deux côtés, on n'aboutit qu'à une probabilité raisonnable dont il faut se contenter pour deux raisons : la première, qu'on ne peut faire mieux ; la seconde, qu'en faisant davantage on trouve pire : le souci excessif des précautions engendre la peur qui met l'organisme en état de moindre résistance et en fait un excellent terrain de culture pour les microbes.

Quand l'obsession porte sur la religion et la morale, elle prend le nom de *scrupule*. Ici encore, le principe de l'idée obsédante est excellent en lui-même. Il faut garder la foi sans laquelle il est impossible de plaire à Dieu. Il faut rester en état de grâce avec Dieu et ne pas en sortir par le péché. Il faut pratiquer la vertu, « l'aimable vertu », en particulier. Plutôt la mort que la souillure ! etc. Mais une préoccupation excessive de sauvegarder ses croyances fait gober au vol les objections qui absorbent l'esprit, le troublent et y font naître des doutes contre la foi. Le croyant cherche à résoudre ces difficultés, et, n'y réussissant pas toujours, il craint de consentir à ces doutes. De même, un souci exagéré d'éviter le mal fait voir du mal là où il n'y en a point, un péché mortel là où il n'y a qu'un péché véniel, fait plaider coupable alors qu'on est innocent, grièvement coupable alors qu'on ne l'est que légèrement. De là les scrupules.

Le scrupuleux commence par confondre l'idée du mal avec l'intention du mal. L'idée du mal est un fait psychologique, spontané et fatal. Impossible d'empêcher un objet extérieur, un acte mauvais, dont on est le témoin oculaire ou auriculaire, d'arriver par les sens à l'esprit. Le constater n'est pas un mal. Ce qui est un mal, c'est de l'approuver, de l'aimer, de le faire sien, de penser à le commettre soi-même. *Qui viderit mulierem ad concupiscendam eam jam mœchatus est eam in corde suo* (Mat., v, 28). L'idée du mal, tombant dans une conscience scrupuleuse, s'y donne aussitôt l'apparence d'une pensée consentie et voulue. Et comme toute idée est impulsive, incline à l'acte, si l'acte suit ou seulement s'ébauche, ce commencement d'exécution confirme le scrupuleux dans la crainte d'avoir vraiment consenti au mal, de l'avoir voulu. S'il doute d'avoir péché, il ne doute pas d'avoir été tenté. Or, souvent il n'en est rien.

Il confond sentir avec consentir, la tentation, qui est l'attrait du mal, l'inclination au mal, avec le péché, qui est la chute dans le mal. Le Père Eymieu (1) éclaire cette distinction par la comparaison suivante : On vous met du poivre sur la langue et on vous bâillonne la bouche : Vous sentez, vous ne consentez pas. — Oui, mais c'est du poivre. — Eh bien, supposez que ce soit du sucre : vous sentez et sans doute vous consentez. Une troisième supposition : c'est du sucre empoisonné : vous sentez encore, mais vous ne consentez plus, vous réagissez ; vous faites tout ce que vous pouvez pour limiter les effets redoutés du poison.

Dans les trois cas, vous sentez, vous prenez conscience de ce qui se passe en vous. Dans le premier cas, le poivre agit dans votre bouche, mais il ne trouve aucune complicité, ni dans votre organisme, ni dans votre volonté, qui protestent, au contraire, à l'unisson ; c'est la sensation désagréable sans mélange de plaisir, sans l'ombre d'un consentement. Dans le deuxième cas, non seulement vous laissez le sucre produire son effet, mais vous y aidez par la déglutition et la dégustation, vous y consentez ; vous acceptez pleinement la sensation agréable, et vous vous y délectez. Dans le troisième cas, la saveur du sucre excite bien les papilles de la langue et du palais, mais l'idée du poison y met un cran d'arrêt. Le débat est porté devant le vouloir dont dépend le oui ou le non, la résistance ou le consentement. Si vous préférez la vie au plaisir, vous ne pouvez pas ne pas sentir la douceur du sucre, mais vous ne coopérez pas à l'action du poison, vous ne consentez pas plus au bien de l'un qu'au mal de l'autre : vous n'aimez pas ce sucre, vous ne l'aimeriez que s'il n'était pas empoisonné.

(1) Voir *Le gouvernement de soi-même*. Deuxième série : *l'obsession et le scrupule*. Nous lui avons emprunté sa doctrine, et souvent même ses heureuses formules. Nous ne saurions trop en recommander la lecture aux directeurs d'âmes.

Si, au contraire, vous préférez le plaisir à la vie, la douceur du sucre vous fait accepter le mal du poison, consentir à l'un par amour de l'autre : vous aimez la vie, vous n'aimez pas le poison, mais vous sacrifiez la vie au plaisir qui tue.

Si le scrupuleux sent si vivement ses tentations, n'est-ce pas parce qu'elles lui font l'effet du poivre ou du sucre empoisonné, qu'elles révoltent son être tout entier et qu'il est bien éloigné d'y consentir ? S'il y avait consenti, il ne lutterait plus contre elles : leur persistance est un signe de leur défaite. Il y a une idée, une image, une impression, une violence subie, il n'y a pas de péché. Ce sont des peurs et non des périls ; ou, s'il y a un péril, c'est celui de la peur.

La peur, en effet, provoque la tentation et y fait succomber. Les esprits les plus sains peuvent être traversés par une mauvaise pensée ; mais, à la lumière du bon sens, ils la reconnaissent pour ce qu'elle est, la contredisent et l'éliminent. Le scrupuleux la repousse aussi avec horreur, d'abord, puis, voulant en avoir le cœur net, il l'évoque pour la juger. Mais, en y fixant son attention, il la rend plus vive qu'à la première expérience. Il l'éloigne par la crainte d'y consentir, il la rappelle dans la crainte d'y avoir consenti, et ainsi de suite. Il gagne à ce jeu, non seulement de voir grandir ses doutes à mesure, mais encore de faire entrer plus avant dans son esprit la pensée importune ; de créer, en se débattant avec elle, des associations d'idées qui la ramèneront, et l'habitude de voir obscène.

La vue du mal, comme celle de l'abîme, attire et y fait tomber, par une sorte de vertige moral analogue au vertige physique. Las, quelquefois, d'une lutte qui semble vouée à une perpétuelle défaite, le scrupuleux peut être tenté de capituler, de préférer à l'angoisse une paix payée par l'abandon de toute contrainte et de toute discipline. Exaspéré de douter toujours s'il a fait une faute ou non, il se met à pécher de tout son cœur, pour être sûr de quelque chose : C'est un péché ? tant mieux ! je voudrais en faire mille ! La réaction se fait égale à l'action. Tel apostat, qui nous étonne par l'outrance de son impiété ou par le dévergondage de ses mœurs, n'est qu'un ancien scrupuleux qui fait sa réaction.

Pour sauver le scrupuleux du désespoir et de la ruine, il y a une tactique à suivre, autre que celle qui convient à l'homme normal. Il lui faut abdiquer momentanément sa conscience affolée et sa volonté impuissante entre les mains d'un guide éclairé et sûr, aussi bon qu'énergique, qui décide pour lui, lui montre le chemin, et l'y fasse marcher.

Après avoir interrogé son malade une bonne fois, ou l'avoir écouté patiemment jusqu'au bout de son rouleau, le médecin lui impose le silence et clôt le débat par un ordre catégorique : Tant que vous ne serez pas sûr comme deux et deux font quatre d'avoir fait une faute, tenez pour certain que vous ne l'avez pas faite, et restez en paix. — Mais le passé ? — Le passé est passé, vous n'y pouvez plus rien : c'est au présent qu'il faut vivre et vous sanctifier. — Mais suis-je en état de grâce ? — Dieu seul le sait. Dites donc avec Jeanne d'Arc : Si je n'y suis pas, que Dieu daigne m'y mettre ; si j'y suis, que Dieu daigne m'y maintenir. Le meilleur moyen de vous y mettre est de faire votre devoir actuel. — Mais l'avenir ? — L'avenir n'est pas encore, ne vous en inquiétez pas : à chaque jour suffit sa peine. Si la tentation vient, ne consentez pas ; la tentation passée, ne vous examinez pas. De deux choses l'une : ou vous avez l'évidence, ou vous ne l'avez pas. Si vous avez péché mortellement (3 conditions : matière grave, pleine advertance et plein consentement), vous le voyez du premier coup, sans examen, malgré vous. Confessez-vous-en pour obtenir le pardon. Si vous n'avez pas l'évidence, il ne reste que des doutes dont il vous est interdit de tenir compte. — Mais sais-je seulement si j'ai l'évidence ? — C'est la preuve que vous ne l'avez pas, car, si vous l'aviez, vous le sauriez. — Mais si je me trompe ? — Votre *si* est un doute qui ne compte pas. — Si du moins je sentais la paix ! — Il n'est pas nécessaire que vous la sentiez. Comment d'ailleurs pourriez-vous la sentir pendant que vous luttez pour la conquérir ? — Il me semble à chaque pas marcher sur ma conscience. — Marchez ! Ce n'est pas votre conscience qui crie, ce sont vos scrupules : marchez sur cette vermine, écrasez-la. — J'ai l'évidence d'avoir péché mortellement —... Le directeur qui connaît à fond son client, et le sait victime en ce moment, non plus d'une obsession, mais d'un accès de folie pure, peut user de son pouvoir discrétionnaire pour lui commander de marcher même contre l'évidence : mesure transitoire, destinée à lui donner, vaille que vaille, un moyen de vivre, en attendant que la crise passe. Le calme relatif revenu, il faut revenir au principe de l'évidence, qui, seul, apprendra au dirigé à se passer de directeur.

Cet autoritarisme est nécessaire au médecin pour faire son métier qui est de sauver son malade, et cette obéissance absolue est nécessaire au malade pour faire son métier qui est de guérir. Commander sans condition, sans motiver les ordres, sans admettre de discussion, sans se déjuger ni se démentir, est pour le directeur la seule manière de suppléer à ce qui manque à la conscience et à la volonté du patient. Obéir est pour le scrupuleux la seule manière d'être raisonnable et libre : raisonnable, en échappant à ses idées folles ; libre, en dominant ses impressions morbides.

Le directeur n'est pas infaillible, le dirigé moins encore : ni l'un ni l'autre n'ont à s'inquiéter des accidents possibles. *Lex non curat de accidentibus*. Si, une fois sur mille, il y a péché réel là où ni le scrupuleux ni son médecin n'en ont l'évidence, ils ont le droit de passer outre : le mal, s'il existe, est purement matériel et n'entache pas la conscience.

Prius est esse. Il faut vivre, d'abord, et, comme dit le Père Faber, « Dieu n'a pas donné la morale aux hommes pour les rendre fous ».

TABLE DES MATIÈRES

Pages.

I. — Altérations qu'a subies l'idée de Dieu dans l'humanité déchue........................ 3
II. — Divination spéculative tendant à la connaissance des choses cachées................ 10
III. — Oniromancie : le sommeil, les songes et le somnambulisme naturels................ 16
IV. — Oniromancie : le sommeil, les songes et le somnambulisme artificiels, ou l'hypnose.. 21
V. — Nécromancie et spiritisme................ 28
VI. — Divination pratique tendant à produire des faits extraordinaires : vaine observance et magie................................ 35
VII. — Visions et hallucinations................ 40
VIII. — Divination surnaturelle du Bienheureux Curé d'Ars............................ 46
IX. — Maladies de la conscience................ 52
X. — Obsession et scrupule.................... 57

1116-12. — Imp. des Orph.-Appr., F. Blétit, 40 rue La Fontaine, Paris-Auteuil.

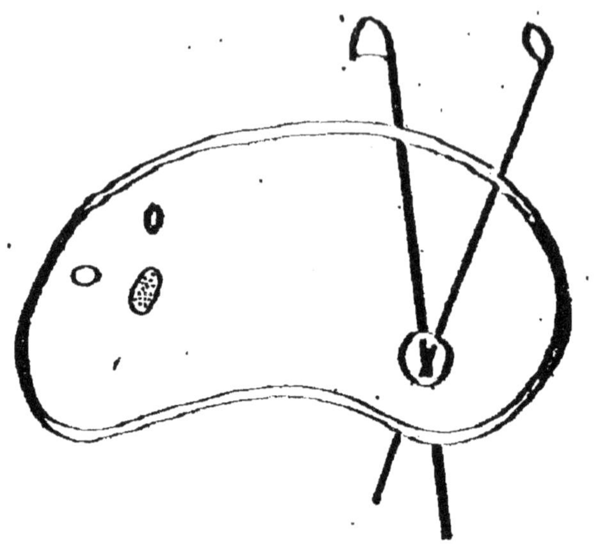

www.ingramcontent.com/pod-product-compliance
Lightning Source LLC
LaVergne TN
LVHW010036230826
846091LV00005B/1724
9782012851719